이 모든 것이 가능하도록
우리의 집을 스튜디오로 내어주고
함께 장을 봐준
나의 남편 송수빈 스테파노에게
사랑과 존중을 보냅니다.

"많은 환자들의 문제가 장으로부터 시작됨을 보고 있습니다. 장을 건강하게 하려면 매일 먹는 음식이 건강해야 합니다. 최겸님과 애리님의 영상들은 가공식품에만 익숙한 현대인들에게 큰 울림을 주어왔는데 이 책이 많은 분들의 건강한 장과 건강한 인생에 큰 도움이 될 것이라 생각합니다."

김경철 | 가정의학과 전문의, 웰케어 클리닉

"출산하는 여성을 도우며 우리 몸에 스스로 치유할 수 있는 능력이 있다는 것을 믿게 되었습니다. 그래서 자연주의 출산을 위해 '집밥'을 처방하기 시작했고 그 효과는 탁월했습니다. 이 책이 사람들이 집밥의 힘을 누리는 것을 도울 수 있을 것 같아 기쁩니다. 많은 분들이 애리님께서 전하는 음식에 담긴 맛과 사랑을 즐길 수 있길 바랍니다."

정환욱 | 산부인과 전문의, 호움 산부인과

"맛있는 레시피 뿐아니라 그 너머의 집밥을 통한 희망과 사랑을 알려주는 애리님의 마음이 가득 담겨있는 책. 애리님 말씀처럼 '요리'란 나도 살리고 남도 살리는 일임을 저도 매일의 집밥을 통해 느낍니다. 이 책으로 자신만의 건강과 인생의 레시피를 찾길 바랍니다."

홀썸 모먼트 | 건강 식단 유튜버, <홀썸의 집밥 예찬> 저자

어서와요.
애리의 부엌에 오신 걸
환영해요.
여기에서 함께 요리하고
이야기를 나눠요.

어려워 말아요.
주저하지 말아요.
영락없이, 잘 될 테니까요.

Welcome home,
where your heart belongs.

애리의 인생 레시피
Aeree's Life Recipe

누구나 분주하게 살아가다가도 한 순간 하던 것을 멈춰야 할 때가 옵니다. 자의가 아닌 다른 이유로요. 누군가는 그걸 우주가 "쉼과 재충전"의 사인을 보내는 것이라고 말하더군요. 그러나 제게 그 순간이 왔을 때는 그걸 받아들이는 게 쉬운 일이 아니었습니다. 인정하기가 어려웠죠.

아, 그때 전속력으로 달리던 철마가 연기를 뿜으며 멈추는 그 막막했던 순간의 느낌이 아직도 생생합니다. 돌아보니 삶의 반을 훌쩍 넘겨 60이라는 나이가 되어버린 지쳐있는 장애리만 남아 있었던 거예요. 부러진 다리로 침대에 누워 오만가지 생각을 했던것 같아요.

이렇게 사는 게 맞나?
이게 다인가?
이렇게 살다 떠나는 건가?
이게 정말로 맞는 건가…

돌이켜보면 스스로에게 질문을 던지기 시작한 그때가 은총의 시점이었던것 같아요. 어쩔 수 없이 자리에 주저앉게 되었지만 이게 전부는 아닐 거라고 생각했거든요. 저는 우선 망가져 가는 몸을 돌봐야겠다고 생각했어요. 몸에 좋다는 영상들과 책을 수없이 봤죠. 그때 우연히 만나게 된 게 최겸님의 유튜브 채널이었어요.

'이렇게 좋은 방송을 왜 아직 사람들은 모르고 있을까.'

방송의 도움을 받아 몸과 마음이 단단해진 저는 이 놀라운 경험에 대한 감사를 직접 전해야겠다는 결심을 하게 됐어요. 그리고 그 작은 결심이 제게 '집밥 클래스'와 '집밥 상담소'라는 놀라운 인연으로 이어지게 됩니다.

'집밥 클래스'와 '집밥 상담소'는 단순한 유튜브 방송이 아니었어요. 제 주방에 다양한 분들을 초대해 직접 만든 요리를 대접하고 삶의 이야기를 나누는 동안 저 역시 제 삶의 의미를 찾아가는 소중한 경험을 하게 된 거에요. 정말이지 놀라운 경험이었어요. 저는 다리가 부러져 절망하며 누워 있던 그때 스스로에게 던졌던 질문들이 최겸님 방송을 통해 답이 되어 돌아왔다고 믿고 있어요.

'아, 그랬구나. 내 삶의 그 시간들이 허송세월만은 아니었구나. 이렇게 연결이 되기 위함이었구나.'

잃어버린 시간의 의미를 되찾으며 하나씩 건져내다 보니 그 모든 것들이 단 한순간도 빼놓을 수 없는 나의 전부라는 것을 알게 되었어요. 어떻게 살아야 할지, 어떻게 살다 떠날지를 명확하게 알게 해 준 2년이었습니다.

우린 모두 처음부터 혼자가 아니었고 혼자가 아닌 걸 알아버린 사람은 어떻게 살아야 하는지 그런 게 아주 또렷해졌어요. 그때 달리던 기차가 억지로 멈춰지지 않았더라면, 그게 우주가 내게 보내는 사인이라고 받아들이지 않았더라면. 저는 제가 뭘 나누면서 살아야 하는지, 왜 그렇게 살아야 하는지도 모른 채 삶을 떠났을 거예요.

사실 지금도 제 안에 어떤 값진 것들이 남아 있을지는 다 알지 못해요. 하지만 그래서 더 설렙니다. 그 마음을 간직하는 방법까지 알아버린 것 같아 더욱 설레는지도 모르죠.

소중한 것을 간직하는 순간은 더 가지려고 할 때가 아니라 내어 주고 함께할 때.

이 책이 그렇게 쓰이길 바라요. 이제껏 당연하게 여기던 누군가의 밥상이 나에게 새로운 의미로 다가오게 하는 기적. 그리고 그 누군가가 이제 내가 될 수도 있다는 희망. 그러다 보면 가랑비에 옷 젖듯 몸도 마음도 영락없이 채워져 갈 거고요. 켜켜이 쌓여가는 시간 속에서 여러분들도 저처럼 자신 안에 소중한 무언가가 있는지 궁금해서 설레는 날이 오겠지요.

누군가 그랬어요. 설렌다는 것은 뭔가가 이루어질 것 같은 가능성을 만날 때 드는 감정이라고요. 재미있을 것 같지 않나요? 그 과정을 함께할 누군가가 있다는 게.

 이제 우리는 타인이라 불리던 또 다른 나에게 내어 주고 함께하며 계속 채워져 갈 거에요. 그래서 이 책은 제게 직접 만지고 느낄 수 있는 은총이고 기적입니다.

 이 모든 것들을 주관한 게 내가 아님을 알기에 오로지 감사하고 편안합니다. 앞으로도 저를 사랑의 통로로 쓰실 수 있도록 내어드리는 것에만 온 마음을 다하길 기도합니다.

행복합니다.
감사합니다.
사랑합니다.

행복 가득한 어느날
장애리 드림

Cooking is love made visible.
Cooking with love provides food
for the soul.

24	변화의 시작	110	레몬 큐브
42	나 자신을 사랑한다는 것	112	봄동 샐러드
66	누군가와 연결된다는 것	114	봄동 된장무침
76	나의 일상 루틴	116	콩나물 볶음
94	나의 부엌	118	오이부추 무침
230	마치는 글	120	깻잎순 볶음
		122	멸치육수
		124	당근 라페
		126	세발나물 겉절이
		128	세발나물 무침
		130	돼지고기 김치솥밥
		132	채소찜
		134	감동란
		136	알배추 절임
		138	버섯 솥밥
		140	꽈리 고추 멸치 볶음
		142	아보카도 마요네즈
		144	아보카도 마요네즈 활용 소스 3가지
		146	가지 꽈리고추 찜
		148	연근 샐러드
		150	토마토 마리네이드

*Every dish tells a story, and
every flavor holds a memory.
Food made with love has the power to comfort,
heal, and bring people closer.*

152	깻잎찜	190	동태전
154	달걀찜	192	애호박전
156	달걀말이	194	야채 버섯전
158	달걀 샐러드	196	고등어 조림
160	가지 솥밥	198	소꼬리 수육
162	매생이 굴국	200	마녀 수프
164	소고기 미역국	202	와인 삼겹살
166	돼지고기 새우젓 두부찌개	206	바싹 닭목살 볶음
168	돼지고기 수육	208	코다리 조림
170	고기국수	210	동그랑땡
172	명란 순두부	212	라구
174	두부조림	214	생선탕
176	황태국	216	구운 채소 샐러드
178	버섯 들깨탕	220	스지 수육
180	갈비탕	222	호박 새우젓 볶음
182	갈비찜	224	닭볶음탕
184	잔치국수	226	절임배추 소고기 볶음
186	비빔국수		
188	육전		

이 책은 주식회사 겸엑스에서 출간되었으며, 저작권법에 의해 보호를 받는 출간물이므로 무단 전재와 복제를 금합니다. 저작물 일부에 대한 사용 동의가 필요한 경우 사전에 contact@gyumx.com 으로 '사용 주체', '사용 목적'과 '사용 내용'을 담아 문의 주십시오. 다만, SNS를 통해 본 도서를 추천하는 일회성 콘텐츠라면 동의 없이 게시해 주셔도 괜찮습니다.

일러두기

1 레시피 재료 표기의 T(대문자)는 큰술(약 15ml)을 t(소문자)는 작은술(약 5ml)을 뜻합니다.

2 1컵은 일반적으로 200ml를 기준으로 합니다.

3 집에서 사용하는 숟가락이나 컵의 크기가 제각각이므로, 정확한 맛을 구현하고 싶다면 별도의 계량 스푼과 컵을 사용하는 것이 좋습니다. 정확한 중량 측정을 위해 주방용 전자 저울을 하나 구비하는 것도 추천 드립니다.

4 소금은 입자의 크기에 따라 부피가 달라질 수 있고 소금마다 염도에 차이가 있습니다. 그러므로 본 레시피를 참고하여 만들되 간을 보고 취향에 따라 소금 양을 조절해 주세요.

5 각 메뉴의 레시피가 담긴 페이지마다 QR 코드를 담았습니다. QR 코드를 촬영하면 해당 메뉴의 레시피를 소개한 유튜브 영상으로 연결됩니다.

인터뷰 1편

인터뷰 2편

본 에세이는 인터뷰를 기반으로 작성되었습니다.
인터뷰 영상은 위의 QR을 통해 보실 수 있습니다.

안녕하세요. 저는 최겸입니다. 사람들이 건강하게 사는 데 필요한 콘텐츠를 만드는 일을 하고 있습니다. 건강에 관심이 있는 분이라면 유튜브나 인스타그램 어딘가에서 저를 보신 적이 있을 겁니다. 지금은 유튜브 채널의 구독자 수가 50만이 넘었지만, 사실 2022년 봄까지 제 유튜브 채널의 구독자 수는 3,000명 정도였습니다. 과학을 기반으로 전통 다이어트 패러다임의 오류를 설명하고 올바른 다이어트에 대한 가설을 설명하는 영상들이 대중적인 호응을 얻지는 못했기에 무명의 시간이 길었습니다.

그러던 어느 날 한 구독자로부터 메시지를 받게 됩니다. 평생 다이어트와 요요를 반복했던 그녀는 제가 쓴 책과 유튜브 영상을 통해 몸이 많이 좋아졌고, 이에 대한 감사를 전해주셨습니다. 그렇게 저는 그분을 모시고 차에서 인터뷰를 진행했고 그때 촬영한 영상이 유튜브 알고리즘을 통해 많은 분들에게 전해졌습니다. 그 분의 이름은 장애리입니다.

이후 저는 애리님이 요리를 사랑하신다는 것을 알게 되었고, 사람들에게 건강한 레시피를 알려주는 콘텐츠를 함께 만들어 볼 것을 제안했습니다. 그렇게 '집밥클래스'와 '집밥상담소'라는 콘텐츠 시리즈가 시작됐습니다. 집밥클래스는 출연 신청서를 작성한 구독자 중 선정된 4분을 모시고 함께 건강한 집밥 레시피를 배우는 코너고, 집밥상담소는 그날 만든 요리를 나눠 먹으며 나누는 대화를 담는 코너입니다.

이 코너를 제작하는 동안 애리님께서 알려주신 레시피도 소중하지만, 많은 분들의 삶의 이야기를 들으면서 인생과 사람에 대해 참 많이 배웠습니다. 그 식탁에서 나눈 이야기와 마음, 그리고 영상을 보아주신 구독자분들이 남겨주신 메시지는 오히려 저와 애리님의 삶에 더 많은 것을 줬습니다. 그것들이 세상에 어떤 변화를 만들고 있음을 다양한 채널로 들어오는 메시지를 통해 느낍니다.

그렇게 받은 사랑을 다시 세상에 돌려내기 위해 이 책을 만들게 되었습니다. 여기에 그동안 애리님께서 전해주신 '음식 레시피'와 우리가 살아가면서 한번쯤 궁금했을 질문들에 대한 '인생 레시피'를 담았습니다.

지금 여러분의 손에 들려 있을 이 책이 앞으로 한 사람의 좋은 어른처럼 여러분의 곁에 존재하길 바랍니다. 이 책이 레시피뿐만 아니라 자신의 몸과 마음을 돌보며 살아가는 데 필요한 지혜를 전하길 바랍니다. 여기에 글로 담긴 레시피가 여러분의 일상 속에서 진짜 음식이 되고, 레시피 사이사이에 담은 대화가 여러분이 살아내는 일상의 현실이 되길 바랍니다.

어서들 오세요.

최겸 드림

변화의 시작

Don't be afraid to start over.
It's a new chance to build what
you truly want.

사람들이 '장애리'라는 사람에서
'애리님'이라는 사람을 발견해줬어.

너와 내가 만나고,
우리가 이렇게 연결되는 게
단순한 인연이 아니라, 뭔가 큰 힘이
개입된 일이라는 걸 깨달았지.

내가 쓰여지고 있다는 걸 느껴.

2년 전 인터뷰를 마치고 집에 가는 버스를 기다렸던 곳
세월이 흘러 그때와는 다른 모습이 되었지만
이곳에 오면 다시금 뭉클한 감정이 든다.

최겸님의 질문들에 꽤 많은 이야기를 나누었다.
나를 되돌아 보았던 즐거운 시간.

제가 애리님을 평소에 어머니라고 부르긴 하지만, 독자분들이 헷갈리실 수 있으니까 오늘은 애리님이라고 부를게요. 저한테는 편하게 말씀해 주세요.

응. 그러자.

오늘 기분이 어떠세요?

감회가 조금 묘하네. 여기 오기 전에 2022년에 처음 인터뷰하고 헤어졌던 그 버스 정류장에 들렀다 오니까, 그때 거기 앉아서 들었던 생각이 나기도 하고. 그때 진짜 좀 뭐라 그럴까… 네가 꼭 좀 잘되길 염원하는 마음이 있었거든. 그 마음이 떠올라서 그 정류장을 지날 때마다 항상 막 뭉클했는데, 오늘은 거기 가서 사진도 찍고 오니까 기분이 아주 좋아.

좋아요. 지난 2년은 애리님에게 어떤 시간이었나요?

매주 금요일마다 집밥 촬영을 하면서 정말 많은 일이 있었고, 매주 굵직한 변화들을 겪었어. 다양한 게스트들을 만나면서 예전에 내가 했던 이야기나 게스트분들이 꺼낸 이야기를 또 내 삶에서 새롭게 마주하게 되는 순간들도 있었는데, 그게 나한테는 엄청 귀하고 놀라운 경험이었어. 웬만한 10년의 가치를 꾹꾹 눌러 담은 시간이야.

그 과정에서 애리님이라는 존재가 만들어진 것도 중요한 것 같아. 사람들이 '장애리'라는 사람에서 '애리님'이라는 사람을 발견해 줬어. 덕분에 나도 다시 거듭나는 시간이었어.

**애리님께서 스스로를 장애리라고 부를 때와
애리님이라고 부르실 때 그 차이는 무엇인가요?**

장애리는 그동안 살아온 나라는 존재지. 내가 원하는 대로 살아왔던 존재.

그러다가 이 유튜브를 통해서 사람들에게 보여지는 '애리님'이 있었고, 사람들이 원하고 상상하는 사람이 만들어진 거지. 그 존재와 나는 사실 다른 존재야. 사람들이 그 존재를 '애리님'으로 봐 주고, 각자만의 의미를 부여하고 가치를 두고 봐주고 있는 거지.

그리고 나도 거기에 대해서 고민하고, 사람들이 진짜 감사해하는 그 사람이 되길 바라게 됐지. 애리님이 롤모델이라는 분들이 많이 보이는데, 그 애리님은 나의 롤모델이기도 해. ㅎㅎ

성당에서 세례명을 받고 사는 것도 이와 비슷해. 가톨릭 신자들은 세례를 받으면서 세례명을 받잖아. 그때 새로운 이름만 받는 게 아니라, 그 이름 속에 담긴 새로운 존재로서 살아가는 여정이 시작되는 거야. 그동안 내가 살아왔던 나와 완전 다른 존재는 아니지만, 새로운 시각과 정체성을 갖게 되는 거지.

그건 '최겸'도 비슷한 것 같아요. 유튜브 속의 최겸은 실제의 제가 아니고, 사람들이 경험하는 존재죠. 실제의 제가 되고자 하는 어떤 인물이기도 하고요. 매주마다 레시피를 준비하고, 미리 장을 보고, 요리하고, 하루 종일 촬영하는 게 힘들진 않으셨어요?

진짜 거짓말 안 하고 단 한 번도 힘든 적이 없어. 일단 촬영일이 오면 '아, 드디어 금요일이네! 오늘은 어떤 분들과 어떤 이야기를 나누게 될까?' 이게 더 기대 돼. 그리고 오늘 나에게 찾아오는 사람들에게 내가 좋게 쓰이길 바라는 마음이 들고.

게스트분들이 오셔서 내가 준비한 음식을 맛있게 먹는 모습을 보면 너무 뿌듯해. 오히려 '음식을 너무 많이 꺼낸 건 아닌가? 혹시 이건 안 드시면 어떡하지?' 이런 걱정은 돼. 재료가 너무 풍성하다 보니까 이것저것 막 꺼내놓게 되거든. 도라에몽이 아니라 도라애리가 되는 거지. ㅎㅎ

촬영이 끝나고 다들 집으로 돌아간 뒤에 남아 있는 그 충만한 느낌은 정말 어마어마해. 한 사람 한 사람이 단순히 몸만 왔다 간 게 아니라, 그 하나하나의 존재가 가진 에너지가 시공간을 가득 채우고 흘러간 느낌이야. 사람들이 떠나고 남은 식탁과 설거지 거리를 보면서 그 여운을 느끼고, 그걸 정리하는 시간까지 전체로 경험하지.

그동안 그렇게 보내온 시간들이 나에게 꾸욱꾸욱 무언가를 계속 채워줬던 것 같아. 어느 순간에는 너와 내가 만나고, 우리가 이렇게 구독자분들과 연결되는 게 단순한 인연이 아니라, 뭔가 큰 힘이 개입된 일이라는 걸 깨달았지. 내가 쓰여지고 있다는 걸 느껴.

누구에 의해서 쓰여지나요?

나에게는 하느님이지. 그분은 우리가 서로를 돌보기를 원하셔서. 그런데 우리가 아무나 모두를 도울 수 있는 건 아니야. 거기에 맞는 때, 장소, 그리고 인연이 있어. 이 유튜브와 집밥 콘텐츠라는 것을 통해 적절한 때에, 그것에 딱 맞는 사람에게 연결해주는 존재이자 힘이 있다고 느껴.

내가 살아온 세월이 짧지 않고, 사람을 좋아하기도 해서 그동안 사람들을 많이 만나봤잖아. 그런데 이렇게 집밥 콘텐츠를 찍을 때 같은 느낌이 나는 자리는 없어. 아무리 우리가 모여서 밥을 먹고 이런저런 이야기를 해도 집밥 촬영 때 느껴지는 힘은 없다고.

그런데 여기에서 사람들과 만나서 일어나는 일들에선 묘하게 다른 에너지를 느낄 수 있어. 집밥 자리에서 일어나는 일은 영혼을 터치하는 힘이 있어. 그리고 나도 내가 나온 영상을 보면서 애리님이라는 캐릭터가 마치 소화 데레사(애리님의 세례명)라는 인물처럼 쓰이는 존재로 보여.

지난 2년간 애리님에게는 어떤 변화들이 있었나요?

외적으로는 더 건강해졌어. 살이 10kg 넘게 빠지고, 피부가 좋아지고, 20대부터 없었던 머리숱이 많아지고, 잇몸이 건강해졌고.

무엇보다도 루틴이라는 게 생긴 게 참 좋아.

어떤 루틴이요?

식단 루틴, 운동 루틴, 수면 루틴, 그리고 커피를 절제하는 습관이랑 해가 뜰 때 일어나서 일찍 자는 습관. 이런 게 이제 많이 자리 잡았어.

이전엔 루틴이 없었어요?

너를 만나기 전까지는 모든 다이어트를 이벤트처럼 했던 것 같아. 항상 잠시 바짝 열심히 하긴 해도, 운동하다가 또 멈추고, 식단 하다가 멈추고. 지속이 안 된 거지. 방법 자체가 틀렸으니까.

지금 습관 변화를 어려워하는 구독자분들도 많잖아? 과거의 나도 더하면 더했지 비슷했어.

심지어 나이가 60이 가까워지니까 '이제 굳이 무슨 루틴을 바꾸겠어' 하는 마음도 생겼지. 굳이 바꿔야겠다는 동기도 부족하고, 그동안 살아온 습관의 관성도 있으니까.

예전의 생활 루틴은 어떠셨는데요?

특히 나한테 혁명인 건 밤 활동이 거의 없어진 거야. 이제는 저녁 약속을 거의 안 잡아.

예전에는 늦게 주무셨다고 했죠?

예전엔, 불나방이자 밤에 피는 장미였지(웃음). 나는 평생 밤에 쌩쌩했어. 밤늦게 사람들과 어울리는 걸 좋아했지. 늦게 음식도 먹고, 술이나 차도 마시고. 40대부터는 책을 좋아하게 되서 그때 책도 읽고.

그래서 내가 어머니께서 돌아가시고 시골로 이사 갈까 했던 거야. 어머니가 돌아가시고 빈 시골집에 남편이랑 같이 내려갔는데, 그날 밤에 내가 정말 간만에 푹 자더라고. 시골이 저녁부터 깜깜하고 자극이 없으니까.

그걸 본 남편이 시골로 이사가자고 했었지. 남편은 잠을 일찍 잘 자는 게 중요하다는 걸 아는 사람이었으니까. 그런데 이젠 굳이 시골로 이사를 갈 필요 없이 그냥 그런 루틴이 만들어졌지.

수면 습관을 바꾼 계기가 뭐예요?

겸이의 유튜브지. 네 강의를 듣고 잠의 중요성, 먹는 타이밍의 중요성, 생체 리듬에 맞춰 사는 것의 중요성을 알게 됐으니까. 그러면서 잠을 챙기기 시작했던 것 같아. 그 전에는 다이어트한다고 이것저것 다 해봤어도, '잠'의 중요성에 대해선 몰랐어.

그리고 네가 저녁엔 꼭 블라차(겸엑스 라이프샵의 '블루라이트 차단 안경')를 써보라고 하고, 커피를 한 달만 끊어보라고 말했을 땐 지나쳤다가도 어느 순간 그걸 해보니까 정말 잠이 바뀌더라고. 정말 저녁이 되니까 기절하듯 졸려서 잠들고, 깊게 푹 자고, 아침에 에너지가 다르고. 그게 나의 하루에 어떤 영향을 미치는지 너무 몸으로

몸과 마음이 온전히 쉬게 해주는 나의 작은 방. 하루의 많은 시간을 이곳에서 혼자 보낸다. 혼자 오롯이 있는 시간이 나를 치유하고 살아갈 힘을 만든다.

느끼게 되니까 자연스럽게 스케줄을 해가 있는 쪽으로 옮기고 잠을 챙기게 된 거지.

그리고 나는 지난 2년간 이런 유튜브 촬영 스케줄이 생기고, 사람들을 만나고 하다보니까 이런 루틴을 만드는 게 더 쉬웠던 것 같아. 내가 중요하게 쓰이는 일이 있으니까, 그 일에서 사람들을 더 잘 도와주고 싶으니까 나를 더 잘 돌보고 싶어진 거지.

다행인 건, 내가 남들한테 보이는 것에 스트레스 받으면서 이런 걸 한 건 아니라는 거야. 스트레스 받지 않고 내가 좋은 것을 찾아가는 방식으로 하나씩 조금씩 하다 보니까 어느새 습관들이 하나씩 자리 잡은 것 같아. 몸무게는 재지 않지만, 몸무게가 늘어도 근육량이 늘어가는 게 느껴지고.

한국이 잠을 아껴서 열심히 무언가를 하는 게 미덕이라고 했던 사회라서, 저도 20년 이상을 늦게 자고 잠을 줄이면서 살았어요. 지금도 많은 분들이 12시가 넘어서 1시, 2시에 자고, 6시간 이하로 자고 일어나고 있는 것 같아요. 그런데 제가 잠에 대해서 이야기하면 "어떻게 그렇게 사냐, 밤에 재미있는 게 다 있다" 이런 반응이 나오곤 해요.

밤은 퀄리티가 떨어져. 물론 밤에 즐길 것은 많지만, 그 경험의 질이 떨어져. 밤 시간은 굉장히 금방 가고 낭비가 잘 되지. 밤은 뭔가 쾌락이나 소비 쪽으로 흘러가.

그런데 오전 시간은 밀도가 높아. 나의 몸과 마음을 채우는 일들을 더 많이 할 수 있어. 그게 생산성을 높일 수 있고, 쾌락보다 더 깊은 행복감도 오전에 느낄 수 있는 것 같아. 그래서 내가 종종 새벽에 일어나서 운동하는 습관이 있는 사람은 우울하기 어렵다고 말하잖아.

근데 나도 60대가 되어서 이걸 알게 됐잖아. 각자만의 때가 있다고 생각하고, 누군가에게도 적절한 때가 오길 바라.

그 적절한 때는 언제일까요?

'나의 삶이 왜 이렇게 힘들까, 나는 왜 우울할까, 왜 힘이 없나…' 이런 질문들에 대한 답 중 하나가 이거야. 해가 있을 때 움직이고 사는 것. 어쩌면 네가 다이어트 사이언스에서 사람들한테 알려준 것 중에서 제일 중요한 게 이거일 수도 있어.

그래서 나도 60대가 되서야 이걸 알았지. 근데 생각해봐. 그 전에 나한테도 얼마나 많은 사람들이 새벽형 삶의 중요성을 이야기했겠어. 그땐 나도 안 들렸던 게 적절한 때가 와서 너를 통해 인연이 닿았던 거지.

스스로 질문하고 있으면 각자에게 적절한 때와 방법이 온다.
건강 관련 제안에서 되게 중요한 메시지인 것 같아요.

모든 선택은 자유로울 때 온전하게 할 수 있잖아. 자꾸 남한테 계속 강요하거나 밀어넣을 필요 없어.

나도 예전에는 열정이 많고 하니까, 좋은 걸 알게 되면 사람들에게 자꾸 알리려는 성향이었지. 그런데 이게 그렇게 돌아가는 게 아

38 Aeree's Life Recipe

니라는 걸 깨닫고 나서는 그렇게 안 하지.

자신이 좋다고 생각하는 무언가를 알리고 싶을 때 그냥 전하는 건 좋아. 이걸 가르치려 들거나 내가 뭘 더 알아서 우위에 있다는 걸 보여주려는 마음 없이 그냥 순수하게 그 사람에게 도움이 되길 바라는 마음으로. 하지만 굳이 네가 그 사람의 변화를 '성공'시키는 사람일 필요는 없어. 그건 우주의 몫이고 인연에 달린 거지.

그 외에 또 다른 변화가 있었어요?

처음 이야기했듯, 지난 2년을 통해서 내가 정말 누군가에게 도움이 될 수 있는 애리님이 되려고 변화하고 있는 게 제일 중요한 것 같아. 실제로도 예전보다 훨씬 더 건강해졌고, 마음도 편안해졌어. 그리고 다른 사람들한테도 좋은 에너지를 주는 사람이 된 것 같아. 그게 제일 감사해.

요리하고 대화하고 먹고 마시는 소중한 공간.
이곳을 다녀간 많은 이들을 기억하는 나의 부엌은
그들의 따뜻한 온기를 아직도 기억하고 있다.

나 자신을
사랑한다는 것

You are not a problem to be solved,
but a person to be loved.

몸이 건강해져야겠다고
결심하는 것부터 시작해야 해.
몸과 마음을 건강히 돌볼 때
나를 온전히 사랑할 수 있으니까.

남편의 방으로 올라가는 계단은
나의 공간, 남편의 공간, 그리고 우리의 공간을 연결한다.
우리는 이렇게 각자였다가 또 다시 우리가 된다.

여러 게스트의 이야기를 들으며, 많은 사람들의 문제가 '사랑하고 싶다' 혹은 '사랑받고 싶다'는 욕구로 귀결된다고 하셨어요. 이게 어떤 의미인가요?

게스트분들이 자신이 갖고 있는 다양한 삶의 문제나 스토리를 들려주시잖아? 언젠가부터는 스토리의 표면보다는 그 핵심만 보이더라고.

충분히 사랑받고 있다는 걸 느끼고 싶은 기저의 마음 때문에, 자꾸 다른 방식으로 설명하려고 하는 거야. 자신이 그 사랑을 갈구하고 있는 건데, 많은 사람들이 본인도 그걸 잘 몰라.

다른 케이스는, 충분히 사랑하고 싶은데 그걸 상대가 받지 못하거나, 그 관계가 적절하게 이뤄지지 못해서 속상하고 아쉬움이 큰 상황이야.

그런 상황에 있을 때 어떻게 하는 게 좋을까요?

그럴 땐 이미 내가 내 안에서 충분히 사랑받을 수 있는 존재라고 느끼는 게 먼저야. 그게 출발점이야. 그리고 자신이 스스로에게 충분한 사랑을 주는 과정에서 어떤 에너지가 만들어질 거야. 그 에너지가 충분히 만들어지는 과정에서 어느날 자신이 그 에너지를 가지고 외부에 사랑을 줄 수 있는 사람이라는 것까지 깨닫게 되지. 그럼 굉장히 홀가분해져.

인간이 세상에 나와서 처음으로 경험하는 사랑이 부모에게서 오는 것이기에, 부모와의 관계가 이후 삶에 굉장히 큰 영향을 미치는 것 같아요. 만약 누군가가 부모로부터 적절한 사랑을 받지 못했다면, 어디에서부터 시작하면 좋을까요?

살면서 '나는 왜 이럴까? 왜 목표에 도달하지 못하고, 어떤 사람을 만나도 자꾸 결과물이 안 좋을까?' 이런 걸 많이 겪다 보면 '나에게 사람 보는 눈이 없나?' 하는 생각을 하게 되는 것 같아. 누군가에게 열정을 쏟으면서 희생하다가 지치고, 관계가 자꾸 상처받으면서 끝나고, 우울해지고.

이게 반복되다가 어느 시점에, 내가 미성숙한 부모에게서 커서 이렇게 됐다는 걸 알게 되는 경우가 있어. 그래서 자꾸 어딘가에서 내가 희생하며 돌봐줄 데가 있는 사람들만 눈에 들어오고, 그런 관계만 자꾸 맺게 되었던 거지. 그러다가 '아, 그것 때문이었네. 내가 그래서 이렇게 하고 있었네. 그래서 희생하면서 사랑하려고 하는구나…' 하고 깨닫게 돼.

사람들을 보면 계속 자신의 조건에 대해 불평만 하면서 사는 사람이 있어. 그러면 달라지는 게 없어. 만약 거기서 몸과 마음이 건강해지면 이렇게 생각하게 되지. '내 상황은 이러이러 했구나. 그런데 앞으로도 그렇게 살고 싶나? 앞으로는 어떻게 살고 싶지? 나는 어떤 부모가 되고 싶지?' 그때부터 변화와 치유가 시작되지.

그렇게 시간이 충분히 지나고 치유가 되어서 과거를 보면 에피소드처럼 보여져. '아, 나 옛날에 이랬었구나' 싶지. 그렇게 과거가 다른 스토리로 보이는 거야. 그렇게 때가 되면 주변에 온전한 사람이 들어오기 시작할 거야. 자꾸 내가 희생해야 하는 관계의 사람이 아니라, 온전히 존중과 사랑을 주고받는 관계를 맺을 수 있는 사람.

예전에 12주간 4번에 걸쳐서 만나는 오프라인 모임에서 만났던 한 구독자분이 생각나요. 현명하고 강인한 분이었는데, 건강 식단을 지속하는 게 어렵다고 하셨어요. 그래서 제가 정아(가명)님에게 혹시 부모님과의 관계가 어떤지, 이야기해줄 수 있는지 물어봤거든요.

정아님의 아버지는 가정폭력을 휘두르셨던 분이었어요. 그것에 의해서 어머님, 정아님, 그리고 여동생이 어렸을 때부터 어려운 환경에서 자라오셨고요. 정아님은 평생 그렇게 부모님을 미워하고, 스스로를 지키기 위해 살아오셨죠. 불안과 두려움, 혐오 같은 게 있었고 스스로를 존중하기도 쉽지 않으셨을 것 같았어요. 그래서 그게 자신 스스로의 몸이나 존재에 대한 마음으로도 이어진 것 같다고 하셨어요.

그날 그 모임에서 사람들과 그렇게 그 이야기를 나누고, 각자가 과거의 일이나 감정을 어떻게 바라볼지 이야기를 했죠. 그리고 한 달인가 흘러서 다시 모였어요. 그런데 정아님께서는 완전히 다른 느낌으로 존재하시더라고요. 정아님께서 무언가가 많이 바뀌었다고 하시면서, 지난 시간 동안 있었던 변화에 대해 이야기해주셨어요.

일단 스스로를 사랑해보기로 결심하면서, 거울에서 보이는 자신을 다르게 보기 시작했대요. 조금 통통한 모습이 사랑스럽게 보였다고 해요. 거울을 보면서 '어, 너 좀 귀엽네? 사랑스럽네?' 그리고 음식을 다르게 보게 되고, 음식을 챙기게 됐어요.

그러고 어느 날 여동생이 눈에 들어오더래요. 이게 각자에게 상처다 보니까 가족 이야기를 터놓지 않고, 그동안 각자만의 싸움을 하고 있었던 것 같아요. 그런데 '그동안 동생이 얼마나 외롭고 힘들었을까'하는 생각이 들었대요. 그래서 동생에게 "우리 잠시 같이 안고 있자."고 말하고, 꼭 안고 있었대요. 아침에 사랑한다고 말해줬대요. 그랬더니 동생이 살면서 이런 사랑을 처음 받아봤다고 했대요.

정아님은 오랫동안 미워했던 아버지를 용서하고 사랑하기로 결심하고 음식을 챙겨주고 친절하게 말을 걸게 됐대요. 그러면서 부모님에게도 어떤 변화가 일어났고요. 어느 날 동생이 이렇게 말했대요. "언니가 우리 집의 문제를 끊어준 것 같아. 그래줘서 고마워" 이 이야기를 들은 날이 그 모임의 마지막 날이었는데, 그 모임에 있던 사람들이 다 펑펑 울었어요.

그때 이 치유의 여정이라는 게 무엇인지 다시 배웠어요. 사람들이 정말 어려운 여정을 보내고 있다는 걸, 다이어트가 단순히 현재 습관 행위에 그치는 일이 아니라는 걸 제대로 깨달았어요.

그게 나로부터 시작하는 혁명이지. 나의 정의를 다시 내리는 거야. 내가 결심하면 그 결심이 우주에 메시지로 나가. 그때부터 나를 둘러싼 에너지의 흐름이 바뀐다고.

그걸 시작하는 건 한 사람의 결단이야. 그런데 그건 몸이 어느 정도 건강해야 할 수 있는 거야. 몸이 건강해야 그런 선택을 할 수 있는 힘이 나와. 그리고 너와 내가 유튜브에서 하고 있는 일이 바로 그거라고 느껴. 그 힘을 만들어주는 거야. 그 결단을 내릴 수 있게 돕고, 멈춰있던 각자의 자동차에 시동을 걸어주는 거지.

자신을 사랑하는 일이 중요하다는 걸 알아도, 현실에서 어려움을 느끼는
분들이 많은 것 같아요. 구체적으로 어디에서부터 시작하면 좋을까요?

그렇게 일어난 과거의 사건은 컨트롤할 수 없는 거야. 지금 여기에서 내가 바꿀 수 있는 게 뭔지, 바꿀 수 없는 게 뭔지 명확하게 이해하고, 거기에서부터 나아가는 거지.

몸이 건강해져야겠다고 결심하는 것부터 시작해야 해. 자신을 사랑하려면 감정을 다룰 수 있어야 하니까.

일단 충분히 잘 자야 하고. 잘 자기 위해서도 좋은 걸 먹어야 하고, 커피도 절제해야 하고. 우리가 요즘 '음식과 장이 감정과 생각에 엄청난 영향을 미친다'는 걸 배우고 있잖아. 그래서 이걸 먼저 해줘야 하는 것 같아. 여기에 운동을 할 수 있으면 더 좋고.

그렇게 지키는 작은 것들이 하나하나 쌓이면서, 어느 순간부터 내 존재가 어디로 나아가는 것 같아.

한국 사회는 외부 시선에서 자유롭기 어려운 환경인 것 같아요. 그런데
지금 애리님을 보면 자존감이 높고, 외부 시선의 영향을 덜 받으시는 것
처럼 보여요. 애리님에게 외부의 시선은 어떤 느낌이에요?

내가 젊었을 때를 생각해보면, 지금 젊은 사람들 못지않았어. 나는 컴플렉스 덩어리였어.

내 중학교 1학년 때 친구가, 나중에 성인이 되고 만나서 이야기해준 게 있어. 중학교 1학년 소풍 중에 같이 걷는데, 내가 자꾸 성적 이야기만 했다고 하더라. 그때 내가 정말 딱해 보였대.

그 컴플렉스는 우리 할머니로부터 온 거야. 나는 충청도 홍성 시골에 살았는데 서울에 사는 선생님인 고모님의 댁은 학구열이 높았어. 그때 고모 댁에서 살고 계시던 할머니가 시골에 있는 우리 3남매(애리님, 애리님의 오빠와 남동생)도 서울로 보내라고 하셨어. 오빠가 홍성에서 서울로 먼저 가고, 나중에 내가 중학교 들어갈 때 나와 초등학생 남동생이 같이 올라갔어. 그렇게 할머니와 같이 살게 되었지.

우리 할머니의 유일한 가치는 학력이었어. 할머니의 세상에서 사람은 두 가지로 나뉘었어. 서울대에 간 사람과 못 간 사람. 할머니는 한글을 모르시는 분이었는데, 그 컴플렉스가 우리에게 내려왔던 것 같아.

우리 3남매 중에서 우리 오빠도 남동생도 공부에 관심이 없었는데, 나는 시키는 걸 잘하는 곰 같은 아이였어. 그래서 할머니가 나에게 유일한 기대를 걸고 밀어붙인 거지. 할머니는 결과물을 내고 싶으셨던 거야. 그런 강박이 나한테 고스란히 왔지.

내 삶에서 가장 혹독한 3년이 그때였어. 하루 종일 듣는 얘기가 서울대 이야기, 영어·수학 이야기였지. 잠도 못 자게 하면서 공부를 시켰어. 공부하다가 졸면 찬물을 얼굴에 붓고, 주말에는 도시락을 2개 싸서 새벽 아침부터 정독도서관에 보내서 하루 종일 공부하고 오게 만들었지. 정말 맨날 울면서 잤어. 울 정도가 되야 할머니가 멈추시기도 했고.

그러다가 중3 때 할머니가 돌아가셨는데, 그때 눈물이 안 나더라고.

그때 스스로의 외모를 바라보는 느낌은 어땠어요?

나는 너무 못생겼었어. 내가 대학 졸업사진을 찍는데, 머리숱이 너무 없었어. 그때 살도 쪘고 여드름 투성이였지. 얼굴은 크고 살이 쪘는데 머리까지 없으니까⋯ 뭘 해도 안 된다는 느낌이었어. 그날 아침 미용실에 가서 머리를 하면서 '이걸 드라이한다고 될 일인가⋯' 하는 생각이 들었던 게 기억 나. 나는 심지어 가발도 쓰고 다녔을 정도야. 나한테는 인생에서 젊었을 때, 한창 예쁠 때라는 게 없었어.

그래도 내가 성격이 되게 밝아 보여서, 사람들은 잘 몰랐을 거야. 하지만 내 내면에는 깊은 자기혐오와 우울이 있었지. 내가 일찍 부모님과 떨어지고 철이 일찍 들었기에, 그건 내가 혼자 소화해야 한다고 생각해서 징징대거나 드러내진 않았을 뿐이야.

나의 외모 콤플렉스는 심했고, 그건 결혼할 때까지도 여전했어. 그래서 결혼식이 너무 싫었던 거야. 결혼식 드레스를 정말 입고 싶지 않았고.

근데 재미있는 게 뭔지 알아? 내가 그런 외모로 남편을 만났기에, 지금처럼 좋은 남편을 만난 거야(아주 큰 웃음). 외모로는 정말 별로였으니까⋯ 내면을 보는 정말 좋은 남자를 만난 거지.

내 외모에 대한 콤플렉스도 다이어트 때문이야. 잘못된 다이어트. 나는 고등학교 교복 입을 때부터 다이어트를 시작했어. 우리 할머니 쪽 집안의 가치 기준에 '여자의 외모'까지 있었고, 그것 때문에 바디 셰이밍(타인의 외모나 체형을 비판하거나 부정적으로 평가하는

지은지 50년이 넘은 홍성 시골집.
이곳의 손때 묻은 살림들을 볼 때면 어린 시절의 기억이 떠올라
복잡한 감정이 들었다. 지금은 내가 그저 사랑하는 시골집이지만.

행동)이 굉장히 심했어. 그때 나는 나를 되게 수치스럽게 생각했어.

그때 잘못된 다이어트를 자꾸 하니까 잇몸이 흔들리고 머리가 빠졌던 거야. 너무 일찍부터 몸이 망가지기 시작했던 거지. 그리고 몸뿐만 아니라 마음의 문제가 컸어. 그래서 지금 돌아보면 그때 진짜 위험천만했다고 생각해. 그때 만약 내가 운이 나빠서 이상한 사람을 만났다면 좋지 않은 일이 생겼을 수도 있겠다는 생각이 들어. 지금도 어떤 친구들에게 일어나는 것처럼.

중1 때 서울에 와서 사는데, 서울이라는 곳이 너무 무섭고 외롭게 느껴지고, 그 삶이 힘든 거야. 심지어 나는 잘하는 게 하나도 없잖아. 성적도 좋지 않고, 할머니는 그렇게 나는자꾸 주눅 들고, 부모는 떨어져 있고. 극도의 스트레스 상황이었지. 나는 살려고 기를 썼고.

그때 내가 감기가 들어서 약국에 갔는데, 40대 정도였던 약사 아저씨가 너무 친절했어. 그 아저씨가 나를 불러주고 기억해주는 게 너무 반갑고 달콤했던 기억이 나. 그런데 이후로 내가 그 약국 앞을 지나가는데, 그냥 그 약국에 가고 싶은 거야. 약이 필요한 것도 아닌데.

만약 그 약국 아저씨가 나쁜 사람이었다면, 운이 나빴다면 나쁜 일이 생길 수도 있지 않았을까 해. 어디 가자고 하면 따라가지 않았을까? 그래서 어렸을 때부터 주변으로부터 바디 셰이밍이나 외모에 대한 평가를 받고 자란 아이가 컸을 때, 외부에서 들리는 외모에 대한 평가나 칭찬에 삶이 이상한 방향으로 끌려가는 일들이 이해가 가.

애리님은 어린 시절의 결핍이나 상처를 어떻게 받아들이고 극복하셨나요?

극복했다고 할 수 없어. 극복 못했고, 계속 아닌 척하고 살았지.

결혼을 하고, 결혼 생활에서 문제가 생기면 그 열등감이 계속 작용했어. 내가 다른 사람의 시선이나 평가에 반응하는 건 내가 의식적으로든 무의식적으로든 외부 의견에 동의하기 때문이야. 내가 부족하다는 걸 내 스스로도 느끼니까.

그리고 그렇게 존재하는 내 안의 상처나 공허함을 외부의 인정이나 관심으로 해결하려 하는 거지. 그럼 잠시나마 뭔가 괜찮은 것 같은 느낌이 드니까. 그러다가 괜히 오버하고, 나를 갈아 넣고, 번아웃 되고, 우울해지고, 관계에 문제가 생기고, 상처받고…

나중에 가서 내가 그 정체를 알게 된 거지. 어른인 척 사는 내 안에 돌봄과 인정을 받지 못한 어린애가 있고, 그 아이가 자꾸 그걸 예민하게 반응하게 하고 문제를 만든 거란 걸. 그래서 자꾸 내가 내 빈 부분을 채우려 했다는 걸.

무엇으로 채우려 하셨어요?

Doing(두잉, 행동)이지. 자꾸 열심히 하고, 그렇게 성과 내는 것. 일 중독이었어. 그리고 눈에 보여지는 것도 중요하게 생각했고. 그래서 자꾸 무언가를 사고 갖고 싶었던 거야.

그게 성직자 같은 성향의 스테파노(남편의 세례명)한테는 너무 가치관이 다르게 보였을 거야.

이건 내 흑역사라서 꺼내는 것 자체가 어려운 이야기였어. 치유가 되기 전까진 할머니 이야기, 공부, 외모 이야기만 나와도 울곤 했지. 관련해서 남들이 나의 능력이나 외모 같은 것에 대해서 별 생각 없이 한 이야기들에 엄청 상처 입었고, 그땐 표현도 못하고. 그래서 많이 슬프게 살았지. 혼자.

언제까지요?

40살 즈음이야. 그때 내가 영적 독서를 시작하면서 바뀌기 시작했어. 그때부터 '내가 바보가 아니구나'라는 걸 깨달았어. 내가 나를 못난 사람이라 정의하고 살았는데, 거기서부터 잘못됐다는 걸 인지하면서 내 안의 어린애를 바라봐주고 돌보기 시작했어.

나는 그렇게 책을 읽기 시작했고, 좋은 스승을 만나서 도움도 많이 받았어. 나는 신앙 속에서 치유된 게 많아.

그 스승이 전에 말씀하신 애리님의 영적 스승님이신 거군요. 종교는 언제 갖게 되신 거예요?

결혼하고서부터 성당을 다니기 시작했지만, 진짜 신앙인이 된 건 40살부터라고 생각해. 종교가 뭔지, 신앙이 나에게 어떤 의미인지 제대로 파게 된 건 그 즈음이야. 그 스승님의 가르침도 있었고 그때 읽었던 많은 책들도 나의 선생님이었어.

그동안 정말 쉽지 않은 시간이었을 것 같아요. 이 일을 하면서 만났던 많은 구독자분들이 떠오르기도 하고요. 혹시 누군가가 외부 시선이나 인정 중독으로부터 자유로워지고 싶다면 어떤 것부터 시작해야 할까요?

  여기에서 나오려면 내가 나를 제대로 아는 방법밖에 없어. 자신이 누군지 제대로 알아야 해. 그 미성숙이라는 게 결국 '내가 나를 잘 몰라서' 그러는 것이거든.

지금 과거 20대의 애리에게 말을 할 수 있다면 뭐라고 하고 싶어요?

  그냥 안아줬을 것 같아. 그게 필요했어 나한테는… 괜찮다고…(눈물)
  만약 내가 젊었을 때 내 눈을 바라보고 온전하게 진심을 담아서 그렇게 해준 사람이 있었다면, 내가 이미 괜찮다는 말을 받아들였을 것 같아…(눈물)
  그래서 지금 이 이야기가 그렇게 들릴 수 있다면 너무 좋겠어. 몇 명에게라도. 그리고 인간에게 자생력이 있어서 쉽게 죽지도 않고, 회생되기에도 충분하다는 걸 믿어줬으면 좋겠어…
  겸아, 네가 지금껏 해온 일이 그런 거야. 네가 사람들의 다이어트 이야기를 들어주고, "여러분이 잘못이 아니다"라고 해왔던 말들이 그런 역할이었던 거야. 만약 그때 나에게 그런 사람이 있었다면 내 삶은 어땠을까…
  몇 년 전에 아들 영석이랑 LP바에 갔어. 영석이가 나에게 내 20대가 어땠는지 묻더라고. 처음에 그 말을 듣고 잠시 생각했다가, 내 20

대는 그냥 평범했다고 했어. 그러고는 내가 예전에 좋아했던 가수 김범룡의 음반이 있어서 노래를 신청했는데, 노래 첫 소절이 나오는 순간, 갑자기 내 20대가 소환되면서 펑펑 울기 시작했어.

울면서 영석이한테 이렇게 말했어. "영석아… 나 그때 하나도 안 괜찮았다. 괜찮은 척하고… 괜찮은 거다, 괜찮은 거다 하면서 살았던 거다. 엄마 너무 힘들었다…" 과거에 느꼈던 번뇌와 슬픔이 한 번에 올라오더라.

그때 내가 그렇게 울면서 "괜찮지 않았다"고 말한 걸 돌아보면, 내가 진짜 많이 건강해졌다는 걸 느껴. 나 진짜 말랑해졌구나.

만약 그렇지 않았다면, 아마 "나 괜찮아" 하고 스스로와 남을 속였을 거야. 완고했겠지. 바늘 하나 안 들어가는 완고함. 그렇게 스스로를 딱딱한 갑옷 안에 가두고, 그런 자극에 반응도 안 했을 것 같아.

이건 지금 집밥 콘텐츠를 찍고, 함밥클럽을 하는 나는 20대의 나로선 상상도 할 수 없는 사람이야. 그래서 나를 애리님으로 봐주는 사람들에게 자꾸 그런 말을 하는 거야. "지금 네가 알고 있는 네가, 너의 전부가 아닐 수 있다"고… 지금 어떤 삶을 살고 있든, 나이가 얼마든 상관없이. 잠재력의 끝을 상상하고 만나보라고… 이 이야기가 사람들이 희망과 꿈을 품는 계기가 됐으면 좋겠다.

어른이 되고, 30대가 되고, 놀라는 건 '내가 뭘 좋아하는지 모르겠다'는 분들이 생각보다 많다는 거예요. 나이와 상관없이요. 그런 분들에게 스스로를 탐색할 수 있는 방법이나 팁을 주신다면 무엇일까요?

그 질문을 하게 됐다면 그게 시작이야. 그때부터 주의를 기울여서 봐야지. 내가 뭘 좋아하는지, 뭘 잘하는지, 뭘 할 때 기쁜지. 그동안은 그런 질문을 해보긴 했어도 진지하게 해본 적이 없었을 거야. 스스로에게 진실되게, 간절하게 원해야 답이 나와.

이건 남이 좋다고 주입한 거 말고, 내 안에서 진짜로 느껴지는 걸 찾는 작업이야. 내가 태어난 영혼의 목적은 뭔가? 이 삶에서 내가 태어난 이유, 영혼의 목적. 그런 방향으로 고민하다 보면, 그 답이 올 거야. 적절한 때에 적절한 방식으로.

그 작업을 위해 어떤 것들을 더 해볼 수 있을까요?

루틴의 힘을 이용해봤으면 좋겠어. 루틴의 힘을 가진 사람은 흔들리기 어려워. 그리고 그 루틴이 그 사람의 정체성을 결정하기도 해.

우리 남편이 지금 청소 일을 하잖아? 남편은 아침 일찍 나가서 몸 쓰는 일을 하고, 3시쯤 끝나면 바로 도서관에 가. 몸도 피곤할 텐데, 집에 와서 눕지 않는 거지. 그렇게 도서관에 가서 매일 3시간 정도 있다가 저녁에 돌아와. 거기서 책을 읽든 유튜브를 보든.

그런 것 외에도, 우리가 중요하다고 이야기하는 식습관 루틴, 수면 루틴, 운동 루틴, 정리하는 습관 같은 걸 만들면 그게 내 인생 자산이 되지. 그리고 그런 것 하나하나가 내 자존감을 높여줘.

 자존감은 내가 나를 채울 때 만들어지는 거야. 라면이나 과자 같은 쾌락 자극을 경험할 때 말고, 충만한 느낌을 주는 즐거움이 있잖아. 직접 요리해서 먹었을 때, 운동 끝나고 땀 흘리고 나서, 혹은 도서관에서 책을 읽을 때 느껴지는 그런 즐거움. 그게 내가 채워지는 시간이야.

 그게 누적되면 어느 순간부터는 남의 시선에서 자유로워져. 네가 사랑하는 영화 〈퍼펙트 데이즈〉의 주인공 히라야마 씨처럼. 그러면 인생에서 쓸데없이 갈망하는 게 없어져. 이미 충만한 즐거움을 내 안에서 느낄 줄 아니까. 그 즐거움이 내 삶 안에 가득 차 있는데, 굳이 외부적 요소를 갈망하겠어?

 대부분의 갈망은 스트레스와 같이 움직이는 것 같아. 갈망이 줄어들수록 스트레스도 줄어들어. 갈망이 없어질수록 삶이 편안해지지.

 참고로 나는 40대에 독서를 시작했어. 그때 영성에 대한 독서를 하면서 책을 읽기 시작했고, 책의 즐거움을 알게 됐어. 돌아보면 그때부터 나의 총기가 살아났던 것 같아. 그 시간이 쌓이면서 60살에 가까워지니까, 내 학습 능력이 많이 늘어난 게 느껴져.

 근데 다시 생각해봐도, 내가 널 만나서 식단을 바꾸지 않았다면, 그러니까 달고 맵고 자극적이고 맛있는 음식을 입에 달고 살았다면 지금의 모습은 못 봤을 거야. 겸아 고마워ㅎㅎ

좋아요. 애리님께서 혼자 있는 것이 중요하다는 말씀을 많이 하시잖아요. 혼자 있는 시간이 왜 중요하다고 생각하세요?

성서의 이야기 중에 마르타와 마리아의 이야기(누가복음 10장 38~42절)가 있어. 이 둘이 자매인데, 어느 날 예수님이 이 집에 방문하게 됐어. 예수님이 오셨으니까 그 집에 이제 먹을 게 있어야 되잖아. 예수님이랑 같이 온 손님도 수십 명이었을 거고. 마르타는 손님을 맞이하느라 빵도 굽고 분주하게 일하며 많은 준비를 하고 있었는데, 마리아는 예수님의 발치에 앉아 그분의 말씀을 듣고 있었어.

마르타는 마리아가 자신을 돕지 않는다며 예수님께 불평하고, 마리아에게 일을 하라고 말씀해 달라고 요청했지. 그런데 예수님은 "마리아는 스스로 좋은 몫을 택했다. 너도 네 몫을 택했는데, 왜 불만이냐" 이런 식으로 말씀하셨거든.

그 이야기 해석은 다양하지만, 난 그걸 읽었을 때 마르타에게 공감했어. 내가 너무 마르타 같은 사람이었으니까… 마르타가 두잉(doing)이면, 마리아는 비잉(being)이야. 사람들을 보면 알게 모르게 그 두잉에 초점을 맞추는 사람이 있고, 비잉에 초점을 맞추는 사람이 있어. 두잉에 초점을 맞추는 사람은 '내가 뭘 했나, 저 사람은 뭘 했나'를 보고, 비잉에 초점을 맞추는 사람은 '내가, 혹은 상대가 편안한지 불편한지 어떤 상태인가'를 보지.

나는 그동안 마르타의 몫으로 살아온 거야. 두잉으로 가득 찬 삶. 계속 바쁘게 무언가를 하고, 사람들을 만나고. 제대로 쉬지 않았던 것 같아. 그렇게 계속 두잉 모드일 때는 비잉이 안 들어오지. '내가 지금 뭘 느끼고, 뭘 원하고, 뭘 필요로 하는가'를 모르고 분주하게 지내니까.

그런데 이 나이가 되어서 혼자 비잉의 시간을 갖는 게 얼마나 중요한지 깨달았어. 이 일을 하면서 사람들이 말하는 애리님이 되어가는 과정에서, 온전한 비잉이 없이는 두잉을 이어갈 수 없다는 걸 깨달았어. 두잉조차도 비잉을 통해 자신의 존재를 편안하게 만들어줬을 때, 스스로와 제대로 연결되어 있을 때 의미가 있더라고.

그래서 나도 신기해. 내가 이렇게 혼자 있는 시간을 즐긴다고? 나는 내 MBTI가 극 E라고 생각했는데 I일 수도 있겠다고 느껴ㅎㅎ

그런데 이 두잉이 나쁜 것도 아니고 비잉이 나쁜 것도 아니야. 살면서 비잉의 때가 있고 두잉의 때가 있는 거지. 나는 그동안 두잉의 삶을 많이 살았으니까, 지금 이렇게 집밥 콘텐츠를 겁 없이 할 수 있는 거고. 매주 사람들을 초대하고 여러 음식을 내어주는 걸 편안하게 할 수 있는 건, 그동안의 무수히 많은 두잉이 가능케 하는 거야.

반면 비잉만 있는 사람은 때론 그것만으론 부족할 수도 있지. 물론 현존만 가지고도 누군가에게 영향을 줄 수 있지만, 무언가를 해야 세상에 뭔가 만들어지니까. 결국 두잉 없이 비잉이, 비잉 없이 두잉이 존재하기 어렵고, 둘 사이의 균형을 잡는 게 중요해.

애리님은 비잉(being)의 시간을 어떻게 보내세요? 단순히 침대 위에 누워 있는 건 아니잖아요?

침대 위에 가만히 누워 있기도 하지. 카페에 가서 멍 때리고 있을 수도 있고, 휴대폰 없이 산책을 하기도 하고. 그렇게 비워주고 있으면 그때 내 안에서 들어지는 생각들이 있어. '아, 내가 자꾸 이런 생각을 하고 있구나.', '왜 그런 생각을 하지?', '내가 거기에 대한 결핍이 아직 안 끝났구나.', '아, 내가 걔에 대해 서운한 느낌을 갖고 있구나.' 이런 식으로 알아차릴 수 있어.

만약 가만히 있지 않고 자꾸 다른 사람과 전화를 하고, 메시지를 하고, 휴대폰으로 뭔가를 보고 있으면 이런 생각이 들어지지가 않지. 알아챌 수 없어. 그래서 나는 가만히 쉬는 게 정말 중요하다고 생각해.

그리고 묘한 게 있는데, 이게 나한테만 적용되는 건지 모르겠어. 아까처럼 고요히 있으면서 이런저런 생각을 하다가, 어느 시점에 '이제 그만 생각해야지' 하고 내가 보고 싶은 책을 보잖아? 그러면 딱 내가 고민하던 것에 대한 답이 책에 나와. 너무 놀랍게도… 내가 그걸 우연이라 생각하지 않아. 질문을 던지면 우주가 답을 주는데, 내가 그 답을 볼 수 있는 고요함이 없어서 못 보는 거라고 생각해.

그렇게 고요한 시간들이 충분히 있으면, 시간 걸리더라도 답이 와. 하다못해 노래를 듣다가 노래 가사 속에서도 온다고. 그래서 나는 혼자 있으면서도 설레는 시간들이 많은 거야.

작지만 평온하고 안락한 서재. 뒤늦게 알게 된 독서의 즐거움으로
내면의 고요함을 들여다 보는 법을 배웠다.

누군가와
연결된다는 것

People come into your life for a reason,
a season, or a lifetime.

관계를 어떻게 할지는 자신의 몫이야.
그 '사람'의 문제도 아니고, 그 '상황'의 문제도 아니야.
사람이나 상황을 보는 '나의 관점'에 달린 거지.
결국 내 안의 문제인 거야.

좋은 사람들과의 식사는 언제나 즐겁다.
정성껏 대접하고 그들이 돌아간 뒤,
설거지를 하며 대화의 여운을 음미한다.

집밥 콘텐츠를 찍으면서 "주변에 어떤 사람을 두느냐가 중요하다"고 여러 번 말씀하셨잖아요. 그게 왜 중요하다고 생각하세요?

일단 내 옆에 있는 사람이 그동안의 내 수준인 거야. 나랑 공명되니까 그렇게 만나서 끌어당겨졌고, 같이 있는 거지. 그 자체가 네가 선택한 거야. 그 사람과 안 맞는 느낌이 드는데 헤어지지 않고 있는 것도 네가 선택하고 있는 거고… 그걸 세간에서 '끼리끼리는 과학'이라고 말하지.

나의 주변에 누가 있느냐는 나의 수준과 성장과 같이 가는 거야. 반대로 내 존재도 그 사람의 성장에 그렇게 영향을 미칠 거고. 만약 지금 네 주변에 있는 사람과 뭔가 맞지 않다고 느끼면, 내가 다른 에너지 장으로 가야 돼. 많은 인연이 시절 인연이지.

그리고 그 과정에는 반드시 적절한 교훈을 얻고 가야 해. 그 과정에서 아프거나 상처를 입을 수 있지. 하지만 그걸 제대로 소화하지 않고 넘어가면, 그런 인간관계 문제가 또 올 거야. 마치 수학 문제를 제대로 풀지 않고 답만 베껴 적고 넘어가면, 비슷한 문제가 나왔을 때 또 틀리는 것처럼.

관계에서 어떤 선택을 할 때 그 사람 자체나 그 상황을 어떻게 보느냐는 매우 중요해. 만약 자신이 건강해져서 그걸 정확하게 알아볼 수 있는 눈이 생기면, 주변 모든 사람이 천사로 보일 거고, 그런 눈이 없다면 주변 모든 사람이 진상, 나쁜 사람, 피의자가 되는 거야. 그렇게 스스로를 피해자 스토리에 가둘 수도 있지.

결국은 '나'네요.

        관계는 그 상대방의 문제가 아니라 네가 어떤 사람인가, 네가 어떤 시각으로 세상을 보는가, 네 안목이 어떤가가 모든 걸 결정하는 거야.

그래도 혹시 좋은 사람을 가려보는 기준이나 방법이 있다면 무엇인가요?

        다양한 기준이 있겠지만, 난 '순수성'을 중요하게 봐. 나는 순수성에서 모든 게 나온다고 생각해. 그래서 어떤 존재든 일이든, 순수성이 없으면 공허하다고 생각해.
        아무리 뛰어나고 신출귀몰한 사람도, 진짜가 가진 순수성 앞에선 아무런 게임이 안 돼. 특히 결정적인 순간엔…

사람의 순수성은 어떻게 알 수 있어요?

        그건 느낌으로 알 수 있어.

그런 순수성은 직감적으로 느껴지는, 좀 주관적인 거네요?

        그렇지. 그리고 그걸 어떻게 느끼느냐가 자신의 수준이라고 생각해. 성장하고 발전하면서 그걸 보는 눈이 생기겠지.

반대로 정리해야 하는 사람 또는 관계는 어떤 특징을 보이나요?

그 사람과의 관계에서 이런저런 마찰이나 사건이 자꾸 끊임없이 일어나지. 그렇다면 관계 속에서 정리해야 할 무언가가 있을 수도 있고, 관계 자체를 정리해야 할 수도 있지. 그건 느낌으로도 계속 와. 연인 사이에 헤어짐이 가까워졌을 때 느껴지는 것이 있잖아? 뭔가 예전 같지 않고, 끝이 가까워진 것 같은 느낌. 그때 그건 서로 느낀다?

그럴 때 관계를 어떻게 할지는 자신의 몫이야. 그리고 그 사람을, 그 상황을 어떤 관점으로 볼지도 자신에게 달린 문제고. 그것까지도 그 사람이 아니라 '내' 안의 문제인 거야. 내가 그 사람 때문에 상처를 입었다든지, 그 사람이 진상이라든지 욕만 하지 말고, '나는 왜 이렇게 느끼지?', '그 사람은 왜 그럴까?', '아, 그럴 수 있겠다… 오죽하면…' 이렇게 생각해볼 수 있잖아.

만약 지금 주변에 마음이 맞는 사람이 없다고 느껴진다면 어떻게 해야 할까요?

주변에 마음 맞는 사람이 없을 수 있지. 그게 무조건 문제가 되는 건 아니라고 봐. 우선 '그런 사람이 곁에 없는 게 나에게 문제가 되는가?' 고민해봐야지. 만약 자신이 생각하기에 문제가 된다면, 정말 문제가 되는 거고.

그럼 이제 질문을 시작해야 해. 모든 문제의 시작은 질문이니까. '나의 어떤 점이 그런 상황을 만들고 있지?'라는 질문의 답을 찾아봐야 해. 시선을 밖이 아니라 다시 내 안으로 돌려야 해. 그리고 먼저 나를 건강하게 만드는 게 시작일 것 같아. 그렇게 나를 건강하게 바꾸고 질문을 던지고 행동하다 보면 적절한 때에 적절한 방법으로 인연이 찾아오지 않을까 해.

인간관계에서 갈등이나 오해가 생겼을 때 어떻게 대처하는 게 좋을까요?

우선 상대 이야기를 끊지 않고 변명하지 않고 다 들어주는 게 중요해. 듣는 것 자체로 그 사람이 원하는 걸 주는 걸 수 있어. 상대가 자신의 생각이 충분히 들어지고 존중받았다고 느끼면, 갈등이 해결되는 경우가 많거든. 그리고 필요하면 상대 이야기를 끝까지 잘 들어준 다음에 내 입장을 정확히 설명할 수 있지.

나도 옛날엔 갈등이 생기면 빨리 해결해야 한다고 생각했어. 오해가 생기면 빨리 풀어야 된다고. 근데 이제 보니까 그것도 다 적절한 때가 있는 것 같아.

중요한 건 진실되게 나를 보고, 상대를 보고, 내가 판단하고 느낀 걸 상대에게 진심을 담아서 상대에게 전달하는 거야. 나는 관계에서 문제가 생겼을 땐 항상 솔직하게 정면 돌파하는 게 중요하다고 생각해.

그리고 이때 태도도 중요해. 상대에게 전달되는 건 내용뿐만이 아니야. 내용이 맞아도 태도가 잘못되면 태도만 전달된다고.

그래서 적절한 때를 찾아 갈등을 해결하는 것도 중요한 거야. 내가 흥분하지 않고, 불필요하게 다른 감정을 섞지 않고, 편안하게 생각을 전달할 수 있을 때, 그게 적절한 때인 것 같아.

반대로 상대의 적절한 때도 기다려줄 수 있어야 하고. 둘 중 한 명은 더 시간이 필요할 수 있는데, 그럴 땐 마음이 급한 쪽이 기다려줘야 해. 아이가 막 포악하게 울 때, 아이의 감정이 안정될 때까지 부모가 기다려주는 것처럼.

어쨌든 가장 중요한 건 갈등을 마주한 순간, 상대가 인격적으로 대우받고 존중 받는다는 느낌을 가지게 하는 거야. 그러면 해결이 쉬울 수 있어. 심지어 그렇게 갈등을 풀어가는 과정에서, 서로가 사랑받고 있다는 느낌을 주고받기도 하는 것 같아.

그런데 어떤 문제는 굳이 해결하지 않아도 된다고도 생각해. 예전에 우리 남편이 다른 사람들에게 오해를 사서 뒤에서 욕을 먹는 일이 있었는데, 남편이 그 이야기를 듣고도 그냥 그렇게 생각하게 두라고 하더라고. 나는 그때 이상하다고 느꼈지만, 지금 보면 어떤 경우엔 그런 문제를 잡으려다가 일이 더 커지기도 하는 것 같아. 굳이 바로잡을 필요가 없는 상황도 있다는 거지.

그리고 그럴 땐 또 내가 이걸 왜 바로잡으려 하는지도 생각해봐야 해. 아마 억울한 일을 당하고 싶지 않다는 게 기본 생각일 거야. 근데 애초에 세상엔 억울한 일이 너무 많아. 어쩌면 나 때문에 누군가 억울한 일이 있었을 수도 있잖아. 내가 잘못하지 않았다는 게, 내가 옳다는 게 그렇게 중요할까? 하고 생각해볼 수도 있지.

다 자신이 옳다고 생각하기 때문에 싸우는 거거든. 내가 옳다는 것에서 한 발짝도 못 움직이면, 결국 상대를 부정하는 것밖에 없어. 친절하다는 건 '저 사람이 저렇게 생각할 수 있겠구나' 하는 거야. 친절하다는 건 영어로 being kind잖아. 비잉(being)이니까, 이건 존재가 가진 태도의 문제지. 그 친절한 태도가 나를 공격하려는 상대의 무장을 내려놓게 하는 거고.

나에게 부엌은 단순히 음식만이 아니라 휴식, 즐거움, 추억이 만들어지는 공간이다.

나의
일상 루틴

The secret to living well is taking care of yourself every day.

하루하루를 최상의 상태로 살고 싶어.
내가 뭘 할 때 좋은지 알게 됐으니
그걸 온전히 누리고 싶어.
이젠 삶의 과정 자체가 내 목적이야.

하루 일과를 마무리하고 방에 앉아 하루를 돌아본다.
일상적이고 반복적인 일과 속에서
하루를 온전히 살아낸 느낌이 참 좋다.

(눈물이 글썽) 이제 건강 이야기로 넘어가 볼게요. 애리님의 이야기를 듣다 보면, 건강 관련해서 정말 많은 것들을 하셨던 것 같아요. 이전에 어떤 다이어트를 해보셨나요?

다이어트를 시작한 건 고등학생 때부터였어. 살아오면서 해볼 수 있는 건 다 해봤지. 원푸드 다이어트들, 이런저런 식품들, 마녀스프 다이어트, 덴마크 다이어트, 다이어트 한약 등. 주사 맞는 건 무서워서 안 했어.

평생 체중에 집착하는 다이어트 속에 살아왔어. 외모에 집착했고. 나에게 다이어트는 내가 입고 싶은 옷을 입고 못 입고의 문제였어. 그땐 그 방법이 옳냐 그르냐는 없었어. 어떻게든 살이 빠지냐가 중요했지. 그런 잘못된 욕구와 방법이 자꾸 나의 몸과 마음을 망가뜨리고, 더 과식·폭식하게 만들고, 더 악순환을 만들었던 것 같아. 그리고 그걸 다른 사람들에게 솔직하게 말하진 못했어. 말하면 사람들 반응이 뻔하니까. 그래서 다이어트 과정에서 스스로를 더 혼자 가뒀고.

나는 어렸을 때 엄마아빠와 떨어져 살았던 결핍 때문에 왔다며, 내 문제를 정당화하고 나를 그 정의 안에 가둬놓고 오래 살았어. 다이어트에 실패하거나 폭식하거나 할 때 그렇게 나를 보호했지.

그 과정에서 어떤 것들을 경험하고 배우셨는지 궁금해요.

기본을 지키지 않는다면 무조건 실패와 악순환밖에 없다는 것.

기본을 지키지 않는 게 뭐예요?

나의 경우는 잠을 제대로 자지 않았던 거야. 커피를 하루에 5~6잔씩 마셨어. 한밤중에도 마셨지. 낮밤이 바뀌는 생활을 했어. 난 밤 시간을 정말 좋아했어. 잠은 죽어서 잔다고 생각했으니까. 계속 그 시간에 뭘 하려 했고.

그리고 밀가루와 나쁜 기름(대두유, 카놀라유, 포도씨유, 경화유 등 콩이나 씨앗에서 화학적 공정을 통해 추출한 기름)을 자주 먹었던 것, 맵고 단 음식을 자주 먹었던 것도 있어. 살 뺀다고 음식을 억지로 안 먹었던 것도 있네. 이런 것들이 나의 몸에 자꾸 염증을 내고 망가뜨리고, 나를 불안정하게 만들었던 것 같아.

그땐 대사를 망치는 식품이나 수면, 먹는 타이밍에 대한 개념이 없었어. 다이어트할 때 다들 칼로리를 중요하다고 했었잖아. 대사에 나쁜 것들은 그대로 하면서, 먹는 양만 줄이는 식으로 칼로리 조절을 하니 잠시 빠졌다가 다시 돌아오는 거지. 그런 행동이 몇십 년 쌓이면서, 몸이 계속 망가졌던 거야.

바뀌신 지 그렇게 오래되지 않았는데, 지금은 과거가 되게 낯설게 느껴지겠네요. 그렇게 스타일스 다이어트를 하신 지 3년이 흘렀어요. 지금의 식습관은 어때요?

일단 아침에 눈을 뜨면 바로 소금차를 마셔. 따뜻한 물 500ml에 소금 4~5g 정도를 넣어서 마셔. 그러면서 서서히 잠에서 깨고, 이렇게 공복 상태에서 운동을 하러 가는 거야.

요즘은 하루에 몇 끼를 드세요?

보통 2끼를 먹어. 아침 공복에 운동을 하고 나면 바로 영어학원에 가야 돼. 때로는 라이블리 스무디만 챙겨 가서 수업 전에 마시고, 첫 끼는 집에 와서 14시 즈음 먹어. 저녁은 18시~19시 즈음 먹고.

저녁을 먹는 시간이 너무 늦다고 느껴지진 않으세요?

그렇긴 하지… 만약 앞으로 내가 지금 습관에서 뭔가 더 할 게 있다면, 저녁 먹는 습관을 조절하는 것 같은데 아직은 지금의 스케줄이 충분히 좋은 것 같아. 항상 완벽한 게 정답은 아니니까.

좋아요. 음식을 드실 때 어떤 종류의 음식을 주로 드세요?

한식을 많이 먹어. 김치를 활용한 스지, 돼지 등뼈 푹 고은 김치찜 같은 것을 좋아해. 나는 이걸 만들 때 두태 기름 같은 것도 추가해서 먹어. 수육도 잘 해먹고, 스지, 도가니, 아롱사태… 지금보니 이렇게 지방이나 결합조직이 많은 요리들을 사랑하네. 이런 천연 지방이 많은 음식들이 조미료 없이도 소금이나 기본적인 것으로만 맛있게 먹을 수 있는 것 같아.

냉장고에 항상 있는 음식은 뭐예요?

우리 집 냉장고에는 나물 반찬들이 항상 있지. 그리고 매생이국, 미역국, 라구, 마녀스프, 생선탕 같은 건 한 번씩 많이 끓여서 스탠딩 팩에 넣어서 얼려놓고, 필요할 때 즉석식품처럼 꺼내 녹여서 먹어.

외식을 해야 할 땐 어떻게 하세요?

외식을 할 때는 자유롭게 먹어. 가능하면 순댓국을 자주 먹는 것 같아. 나의 몸에 돼지가 맞고, 닭은 잘 안 맞거든. 여건에 따라서 만두도 먹고… 보통 외식을 하는 건 사람들이랑 먹을 때라, 사람들한테 맞춰.

그런데 여전히 외식을 할 때 탄수화물을 많이 먹으면 자궁에 문제가 생기는 느낌이 들어. 예전에 자궁이 빠질 때 들었던 느낌처럼. 이게 밀가루 때문인지, 탄수화물 자체를 많이 먹어서인지는 비교해 봤는데 밀가루 문제만은 아니더라고. 한 번 식당의 나물이 맛있어서 밥을 많이 먹은 적이 있는데 그때도 자궁에 힘든 느낌이 오더라.

근데 이젠 밖에서 밥을 먹을 일이 별로 없어. 집에서 먹는 게 습관이 된 것 같아. 무엇보다 식당에서 먹는 게 이제 내 입에 너무 자극적이야. 그렇게 맛있다고 느껴지지도 않고. 게다가 양은 적고 비싸고… 먹고 나면 먹은 느낌도 잘 안 들고, 그날의 컨디션도 안 좋아지니까.

그리고 집에 맛있는 게 많이 있으니까, 외식을 할 유인도 떨어지지. 집에 언제든 쉽게 꺼내 먹을 수 있는 음식이 있으니까, 식당에서 음식이 나오는 시간이나 집에서 바로 데워 먹을 수 있는 시간이나 비슷하잖아. 식사의 퀄리티, 만족도, 가성비는 집밥이 더 좋고.

애리님 하시는 걸 보고 저도 음식을 할 때 넉넉하게 해놓고, 일부를 냉동실이나 냉장실에 쟁여둬요. 그러니까 급할 때 편하게 먹을 수 있는 게 참 좋더라고요. 당장 요리를 안 해도 집에 데워서 먹을 수 있는 음식이 있다는 게 주는 안정감이 있어요. 어쩌면 우리가 살면서 불안할 때, 집에 먹을 게 너무 없어서 그런 건 아닌가 생각해봐야 할 수도 있겠어요.

그렇지? 든든하지ㅎㅎ 먹을 때도 떳떳하고.

운동은 어떻게 하세요?

요즘은 일주일에 5~6번 정도 운동하는 것 같아. 평일에 4일 이상 하고, 주말 중 하루 더 하는 식이지. 나도 이런 운동 루틴이 생길 줄 몰랐는데 지난 2년 사이에 루틴으로 잡혔어.

아침에 일어나서 소금차를 마시고 헬스장에 가. 런닝머신에서 6km를 달려. 시속 8.5km 속도로 8분 달리고, 시속 11km로 2분 달리고, 다시 시속 8.5km로 8분 달리고, 시속 11km로 높여서 2분 달리는 걸 반복해. 이렇게 4사이클을 돌면 40분이 지나 있지.

그러고 나면 좋은 게, 바로 신호가 와서 쾌변을 해. 나는 평생 정말 심한 변비가 있었거든. 근데 이렇게 아침에 소금차를 마시고 공복에 달리면 디톡스가 확 되고, 달리면서 더부룩했던 게 쑥 빠지는 느낌이야. 붓기가 쭉 빠지는 느낌, 리셋되는 느낌이 들지.

그리고 숨을 고른 다음 맨손 체조와 스트레칭을 해. 우리 헬스장에는 위로 올라가서 자세 잡고 있을 때 진동을 주는 운동 기구가 있는데, 그걸 하면 코어에 힘이 엄청 가. 10분 정도 하고.

그 다음에 걸어서 15분 정도 거리에 있는 수영장으로 가.

와, 이렇게 운동을 했는데 수영도 하세요?

엄밀히 말하면 수영을 하는 건 아니야. 나는 수영장 한쪽에서 30분간 물속에서 걸어. 그리고 나서 물 안에서 하는 맨손 운동 루틴이 있어. 나는 수영장에서 이 정도만 하니까 재미있게 가서 하고 오는 거야.

요즘 몇 시에 주무세요?

9시가 넘어갈 즈음 잘 준비를 해. 그때 돋보기 안경 위에 블라차를 얹어서 쓰고, 침대로 들어가지. 그리고 10시 즈음 잠드는 것 같아.
예전엔 그렇게 자고 새벽 4~5시에 일어나서 운동하곤 했는데, 그게 내 나이엔 무리가 된다고 느껴졌어. 그래서 요즘은 6시 즈음 일어나. 8시간 정도 자는 거지.

자기 전엔 뭐하세요?

예전엔 누워서 책을 읽기도 했는데, 요즘은 밤에 누워서는 책을 안 읽으려 해. 어둡기도 하고 누워 있으니까 눈에 부담이 되는 것 같아서. 나이가 들수록 눈 건강이 중요하다는 걸 느끼네. 그래서 책은 되도록 앉아서 보려고 해.

커피를 매우 좋아하셨잖아요. 커피를 본격적으로 줄이신 지 1년이 조금 넘은 것 같아요. 요즘은 어떻게 드시나요?

맞아. 나는 설밀나튀(설탕·밀가루·나쁜 기름·튀김)를 끊어도 커피는 엄두가 안 났지. 커피를 절대 못 끊을 줄 알았는데, 지금은 거의 안 마셔도 괜찮아.

아예 안 드세요?

이젠 가끔씩 뭔가 집중해야 하는 일이 있거나, 어디에 나갈 때, 기분이 딱 커피 마시고 싶을 때 그럴 때만 마셔. 그런 날은 확실히 밤에 잠에 영향을 받긴 하지… 어쨌든 이젠 예전처럼 집에서 커피를 내리거나 사거나 하진 않는 게 정말 큰 변화네.

1년 전에 내가 커피 끊은 지 100일이 됐을 때, 네가 스타벅스 앞에서 했던 말이 생각난다. (당시 애리님이 겸의 차를 타고 스타일스 다이어트 챌린지 2기 MT 장소인 가평으로 이동하고 있었다. 그때 길 건너편에 커다란 스타벅스 매장이 보였을 때 겸이 애리에게 "어머니 혹시 커피 드시고 싶으세요? 차 돌릴까요?"라고 물어봤다.)

그때 어머니가 "괜찮아. 커피 다 마셨다~" 하셨잖아요.

그때 커피를 마시지도 않았는데, 이미 한 잔 마신 느낌이었지. 그런 게 사랑받는 느낌인 것 같아. 참 따뜻하고 행복했다.(웃음)

나는 커피를 매우 좋아해서 매일 두세 잔씩 마시는 날도 많았다.
지금은 정말 마시고 싶거나 필요할 때만 마신다. 강박 없이 자유롭고 즐겁게.

그리고 이것도 개인의 해석에 달린 거네요. 제가 그런 마음을 담은 건 맞지만, 그걸 사랑으로 느끼는 건 어디까지나 애리님 내면에서 일어나는 일이니까요. 그게 김주환 교수님이 말씀하셨던 capacity to be loved(사랑받는 능력)겠죠.

맞아. 내가 이제 그걸 해석할 수 있는 눈을 갖게 된 거야.

커피 끊는 건 어렵지 않으셨어요?

처음엔 '오늘은 커피 끊기 10일 차, 20일 차' 이렇게 세다가, 어느 순간 100일을 넘겼어. 그러니까 굳이 마시고 싶다는 생각이 별로 안 들더라고. 그래도 '오늘 한 잔 마시고 싶은데?' 하는 날이면 그냥 죄책감 없이 마시고. 그 과정에서도 나를 닦달하거나 푸시하지 않았어. 나를 존중해가면서 끊었으니까 이렇게 된 것 같아. 딱히 규칙에 나를 얽매지 않으니까 자연스럽게 습관이 바뀐 거지. 덕분에 이젠 나도 커피에서 자유로워진 것 같아.

사실 뭔가를 끊을 때 "100일 채울 거야! 절대 안 돼!" 이런 강박은 별 도움이 안 되거든. 산티아고 순례길도 가보면 완주가 목적인 사람이 있는데, 그런 사람이랑은 말을 못 해. 그런 사람들은 며칠 만에 완주했냐, 얼마나 걸었냐 이런 거거든. 근데 숫자나 결과 자체가 중요한 게 아니잖아.

식단 혹은 다이어트에서 강박을 느끼는 분들도 적지 않은 것 같아요. 설밀나튀를 조심해야 한다고 하니까, 강박이 생겨서 참는 게 더 어려워진다는 분들도 있어요. 그런 분들은 어떻게 하는 게 좋을까요?

강박은 용수철을 강하게 누르는 거랑 비슷해. 적당한 힘이면 필요한 만큼 튀어오르게 할 수 있지만, 너무 세게 누르면 용수철이 망가진다든가 과하게 튀어오른다든가 하잖아.

그리고 강박은 그 결과랑 상관없이 죄책감을 만들 수 있는데, 그건 이 과정을 망치는 지름길이야. 식단에 죄책감이 연결되면 안 돼. 그럼 자꾸 뭔가 선을 넘어갈 때마다 자책하고, 자신을 올바르게 보는 게 더 어려워지지.

그리고 사실 강박을 느낀다는 게 애초에 그 사람이 무언가를 열심히 하려고 하긴 한다는 거잖아요? 힘을 주지 않고 어떻게 운동을 하겠어요. 그리고 어떤 운동이든 해보면 결국엔 힘을 적절하게 빼는 게 중요한데 처음에는 그게 어려워요. 그렇게 힘을 주는 걸 충분히 반복해봐야, 어디서 어떻게 힘을 뺄지 알게 되는 것 같아요.

맞아. 식단을 할 때 힘을 주는 것 자체가 문제는 아니야. 그게 몰입일 수도 있고. 몰입과 강박의 차이가 미묘하잖아. 근데 그 힘이 너무 과해서, 용수철을 지나치게 누르듯 뭔가 억지로 나를 몰아부친다면, 그건 몰입과는 다른 양상이겠지.

강박을 느끼는 사람들은 나쁜 걸 빼는 것보다 좋은 걸 더 많이 해주는 거에 초점을 맞추면 좋을 것 같아. 나는 이 식단을 쉽게 했던 게

'설탕나튀를 안 먹는 것'이 아니라 '좋은 것을 더 만들어 먹는 것'에 신경 썼거든. 평소에 그렇게 잘 하다가, 가끔 설탕나튀를 먹을 땐 먹었고. 그러니까 '한다'는 느낌이 없었지.

저는 애리님께서 "매일 100점 시험지를 받을 필요는 없다"고 비유하신 게 좋았어요. 그 이야기 들려주세요.

어떻게 우리가 매일 완벽한 식단을 하겠어? 평생 설탕나튀를 잘 먹어오던 사람이, 식단을 시작해서 이제 그걸 가끔씩 먹는 건 평생 공부를 안 하던 사람이 공부를 시작해서 70점, 80점을 성적을 받는 거랑 비슷해. 그런데 그 사람이 지금 100점 성적표를 못 받았다고 속상해하는 게 좀 웃기잖아. 사실 애초에 우리가 매일 100점을 받을 필요 자체도 없고. 인생이 얼마나 긴데… 50점이든 80점이든, 그냥 쭉 하고 있는 게 더 중요한 거야.

그리고 아까 얘기했던 것처럼 다시 질문을 해보는 게 좋을 것 같아. '내가 왜 강박을 느끼지?' 지금 당장 표면적인 것만 보지 말고, 이 강박의 시작은 어디인지, 내게 필요한 건 뭔지 찾는 질문을 계속하면, 적절한 때에 적절한 답이 나오지 않을까.

식단을 열심히 해도 변화가 느리거나 미미해서 속상해하는 분들이 많아요. 그런 분들에게 어떤 메시지를 드릴 수 있을까요?

그렇게 조급해하고 속상해하는 게, 그 사람의 성향일 수 있어. 똑같이 해도 '왜 안 되지…' 하고 자꾸 묻는 사람이 있고, 그냥 일단 묵묵하게 해보는 사람이 있더라고. 몸 상태도 다르고, 성향도 다르고,

능력도 다르고. 각자의 차이가 있는 거야.

게다가 그동안 어떤 습관으로 살아왔느냐도 다르잖아. 이제 자신에게 맞는 방법을 찾는 데 시간이 걸릴 수 있어. 나도 평생 이것저것 하다가 60이 돼서야 너를 만나서 방법을 찾았잖아. 그 사이에 많은 시행착오의 시간이 있었고, 그러니까 지금의 내가 있는 거야.

그리고 문제는 그 사람의 기대치가 너무 높은 게 아닐까하는 생각도 들어. 실제로 변화가 있어도 '이 정도로는 안 돼' 하면서 스스로 못 봐주는 분도 있더라.

겸이 네가 줄이거나 끊으라고 말하는 '설밀나튀(설탕, 밀가루, 나쁜 기름, 튀김)'는 보편적인 거야. 일단 설밀나튀를 먹는 횟수를 줄여나가는 건 기본이라고 봐. 그리고 집밥을 하고 도시락도 싸서 다니면, 효과가 안 나기가 쉽지 않을 것 같아. 그래서 일단 설밀나튀 100일은 해봤으면 좋겠어.

사람 몸이라는 게 공통적인 원리는 비슷하니, 올바르게 하고 있다면 몸이 고치는 중이라고 생각해. 시간이 필요하다는 걸 이해해줘야지. 이걸로 몸을 바꾼 사람들을 너무 많이 봤잖아. 각자마다 그 과정의 시간은 달랐어.

그런데 설밀나튀도 제대로 하고 있고, 요리도 하고 도시락도 하고, 충분히 오랜 시간 했는데 변화가 없다면, 중요한 건강상의 문제가 있을 수도 있어. 그럴 땐 건강검진 센터든, 기능의학 병원이든, 자신에게 필요한 검사를 할 수 있는 곳에서 검진을 받아봐야겠지. 그래서 겸이 네가 "식단 시작하기 전에 건강검진부터 하라"고 늘 말하잖아.

지금 애리님께서 건강을 관리하는 동기와 목적은 뭔가요?

그날 하루의 컨디션이야! 하루하루를 최상의 상태로 살고 싶어. 운동 갔을 때와 안 갔을 때 차이가 커. 운동 간 날은 활력 있고 가벼운 느낌이 드니까. 이제 내가 뭘 할 때 내가 좋은지를 알게 됐고, 그걸 온전히 누리고 싶어. 이젠 이 과정 자체가 내 목적이 되기도 했지.

그리고 지금 내가 살고자 하는 방향이 명확해졌잖아. 세상에 올바르게 쓰이는 것. 내가 사는 동안에 그걸 건강하게 잘하기 위해서도 건강을 돌보고 싶어.

나의, 부엌

A kitchen is a place where stories are shared and meals are made with love.

나에게 요리는 너무 소중한 일이다.
내 손끝에서 만들어지는 음식이
나와 주변 사람들의 몸과 삶에 어떤 힘이
되는지를 알기에.

가장 애정하는 나의 부엌.
여기에는 나의 일, 나의 사람들, 모든 희노애락이 담겨있다.
사람들의 온기로 채워져가는 따뜻한 공간.

애리님에게 '요리'란 어떤 의미를 가지나요?

처음엔 그냥 취미인 줄 알았는데, 이젠 나도 살리고 남도 살리는 도구야.

직접 요리를 하는 게 중요하다는 것을 이해했지만, 요리를 시작하는 것을 어려워하는 분들이 어떻게 시작하면 좋을까요?

일단, 원래 타고난 게 어느 정도 있을 수 있어. 어떤 일이든 그걸 잘하는 사람, 못하는 사람, 좋아하는 사람, 좋아하지 않는 사람이 있을 수 있다고 생각해. 요리도 잘하거나 좋아하는 사람이 따로 있고. 참고로 나도 똑같이 손으로 하는 건데, 바느질은 어려워해. 애초에 별로 하고 싶지도 않고.

하지만 요리는 누구나 그 산을 넘는 게 필요한 일이라 생각해. 이 일이 갖는 의미를 알잖아. 이 요리를 통해 나오는 음식이 나를 살리고, 가족을 살리고, 나를 지키는 수단이라는 걸. 그러니 이제는 해야 해.

근데 누구나 나처럼 할 순 없지. 그럴 필요도 없고. 누구든 몇 가지 요리는 충분히 할 수 있어. 요리엔 실력이 아니라 스킬의 영역도 존재한다고 봐. 모든 사람이 영어 공부를 해서 원어민이 될 수 없지만, 토익이나 토플을 공부해서 일정 수준 점수는 받을 수 있잖아.

뭔가를 배울 때 중요한 건, 그 과정에서 나름의 재미를 느끼는 거야. 재미를 느끼면 좀 더 해보게 되고, 반복하다 보면 자신감이 생기고. 그렇게 나아가는 거지.

수학을 전공하셨고, 대학 졸업 후에는 오랫동안 수학 강사로 일하셨잖아요. 그런데 어떻게 요리를 '일'로 삼게 되신 거예요?

일단, 수학과를 간 게 잘못된 거야(웃음). 만약 부모님이 나를 유심히 봤다면, 대학이 아니라 어떤 요리 장인이나 식당의 이모님 밑으로 보냈을 거야. 그랬다면 일찍 요리를 시작해서 지평을 많이 넓혔을 것 같아. 나는 그 징후가 명확했어.

초등학교 5학년 때 실과 시간의 요리 실습 시간에 난생 처음으로 카레를 만들었어. 시판 카레 가루를 풀어서 채소를 썰어 만드는 거였는데, 그날 기억이 생생해. 나는 황홀했어. 학교 마치고 집에 뛰어와서 재료 찾고, 집에서 카레를 만들고. 그렇게 며칠을 매일 카레를 만들었어.

그러다 학교에서 또 다른 메뉴를 배우면 그걸 하고, 김치밥 같은 것도 한참 했던 기억이 있네.

고등학교 때 수학 문제 잘 푼다는 이유로 선생님이 수학과에 가라고 해서 간 건데, 이제 보면 난 수학을 좋아한 게 아니라 논리를 잘 했던 거였어. 사실 문과를 갔어야 해. 그러다 보니 대학 가서는 아예 공부를 놓았지.

그런데 어떻게 수학을 가르치는 일을 하셨나요?

근데 또 가르치는 능력은 좋았던 것 같아. 그걸 논리적으로 가르치는 능력이 꽤 괜찮았으니까. 그래서 수학 강사가 됐지.

그러다가 요리를 시작하게 된 건 언제였어요?

중학교 3학년 때 할머니가 돌아가시고, 3남매가 같이 살게 되었어. 그때 시골에 계시던 어머니가 주중에는 서울에 와 계셨는데, 어머니 안 계실 땐 내가 요리를 맡아서 했어.

반찬가게를 하게 된 건 어떤 계기였어요?

전에 내 친구 중에 요리 선생님이 있다고 했었지? 그 친구가 호텔에서 요리를 배울 때, 그 호텔에서 쓰는 허브를 납품하는 농장이 과천에 있더라고.

수소문해서 그 농장을 찾아냈는데, 거기에 내가 모르는 특수 야채들이 널려 있는 거야. 로메인, 라디치오, 샐러디, 애플민트, 바질 등등. 지금은 흔하지만 그땐 흔치 않은 채소들이었어. 그 농장이 유명 기관들에 납품하는 곳이었거든.

그걸 너무 사고 싶어서 팔아달라고 사정을 했는데, 살 수 있는 최소 단위가 너무 컸어. 그래서 그걸 최소 단위씩 사와서 집에서 씻어 손질한 다음에 주변 사람들이나 이웃들에게 문자를 보냈어. 이 샐러드 필요한 사람, 조금씩 돈을 나눠서 내고 받아 가라고. 진짜 살아 있는 공동구매 같은 거지.

그런데 그게 입소문 나고 규모가 커지다 보니 나중엔 하루에 문자를 400건 넘게 보내게 되고, 집에 너무 많은 사람이 와서 들락날락하니까 정신없고 생활이 안 됐어. 일반 가정집 마루에 채소가 널려 있다고 생각해봐.

그래서 어느 날 아예 가게를 얻어야겠다고 결심했지. 마루가 아니라 바닥에 타일이 깔린 곳. 그렇게 2006년쯤 집 앞 아파트 단지 상가에 냈던 가게가 '애리의 부엌'이야.

반찬가게를 하는 건 어떠셨어요?

쉽진 않았는데 즐거웠어. 장사도 잘됐고. 나는 항상 끝나고 나면 24시 목욕탕에 갔어. 밤 11~12시에 도착해서 목욕하고 사우나 하고, 몸이 항상 얼어 있으니까 그렇게 몸을 녹이고 새벽까지 거기서 잠깐 자고, 새벽 4시쯤 일어나서 집에 와서 더 자고, 다시 10시쯤 출근하고.

아, 재미있는 인연이 있어. 그때 목욕탕에 새벽 1시에 출근해서 청소하는 사람이 있었는데, 맨날 보다 보니 친구가 됐어. 그 친구가 언젠가 나한테 "저기 어디 학원에 가서 세신사 기술 배워서 하자"고 했어. 반찬가게 하고 밤에 이렇게 집도 없는 사람처럼 자고 가는 내가 불쌍해 보였나 봐. 근데 그 친구가 나중에 내 가게에서 오래 일했어. 지금도 나에게 고마운 친구야.

반찬가게를 얼마나 하셨어요?

애리의 부엌에서 반찬가게를 10년 했어. 내 별명이 미련곰통이야. 뭘 하나 하면 항상 진득해.

10년 정도 하다가 반찬가게를 그만두게 됐어. 아파트 상가 단지에서 그 공간을 다른 용도로 써야 해서 공간을 내줘야 했거든. 그런데 그때 항상 마음에 걸렸던 게, 사람들이 내 음식을 항상 식고 나서 먹는다는 거였어. 음식은 갓 만들었을 때가 맛있는데, 사람들이 먹는 건 시간이 지나 식어 있는 음식이잖아. 그래서 집에 가져가서 잘 데워 먹는 게 중요한데, 대충 전자레인지에 돌려 먹으면 먹는 경험이 많이 다르지.

그래서 '즉석에서 요리해서 따뜻하게 음식을 대접하고 싶다'는 마음이 있었지. 그래서 다른 공간에서 식당을 열었던 거야. 그것도 6년을 했어ㅎㅎ

장사가 잘됐어. 정말 바빴지. 그런데 너무 무리하다 보니 몸이 많이 안 좋아졌어. 그래도 즐거웠지만. 어느 날 자궁이 몸에서 빠져나왔지. 정말 무리가 많았던 거야.

그래서 이제는 정말 쉬어야겠다, 정리해야겠다 해서 가게를 내놓았고, 다음 임차인이 양도양수 계약도 했어. 근데 어느 날 시간이 지나 그 다음 임차인이 계약을 파토를 낸 거야. 그때 마침 나도 자궁이 어느 정도 회복됐고 해서 또 2년 더 연장해서 운영할까 고민하고 있었지. 가족들은 그런 나를 걱정했고…

그러다가 어느날 아침에 동네 언니들이랑 산책을 하고 있었는데 언덕길을 내려가다가 내가 넘어져서 다리가 부러진 거야.

그 순간에 저희의 인연이 본격적으로 시작된 거네요.

맞아. 그때 남극 쇄빙선 위에 있던 영석이가 메시지를 보냈어. "엄마, 온 우주가 엄마가 이제 그만 쉬시길 바라요. 이젠 그만두셔야 해요." 그렇게 나는 마음을 접고 가게를 다른 사람에게 넘겼지.

만약 그때 다리가 부러지지 않았다면, 난 아직도 그걸 하고 있을 거야. 얼마 전에 그 건물 옆을 지나가다 우리 가게가 있었던 자리를 바라보는데 참 기분이 묘하더라고. 그때 만약 내 다리가 안 부러졌다면, 나는 그 안에서 요리를 하고 있었겠지. 인생이 신기하지?

어쨌든 그리고 병원에 입원하고 쉬는 동안 살이 엄청 찌고, 몸이 계속 나빠진 거야. 퇴원하고 나서도 몸이 안 좋았지. 그리고 요양보호사 자격증을 따려고 학원에 간 첫날 내 몸 상태가 엉망이란 걸 느끼고 집에 와서 유튜브에 간헐적 단식을 검색했던 거지. 그렇게 너를 처음 보게 됐고 네 영상들을 처음부터 쭉 정주행했지. 네가 말하는 식단을 따르면서 3달도 안 돼 10kg 넘게 빠지고 몸이 엄청 좋아졌고… 그리고 그 이후의 일들이 일어난 거지.

살다보면 이렇게 당장 봤을 때는 나빠보이는 일이 오히려 좋은 기회로 연결되는 게 많은 것 같아요. 어쩌면 좋고 나쁨이 동전의 양면처럼 어떻게 보느냐에 따라 달라지는 하나의 실체인 것 같기도 하구요.

이제 오늘의 마지막 질문이에요. 지금 자신만의 어렵고 막막한 상황에 있는 분들을 위해서 여쭤볼게요. 만약 지금 어떤 문제가 해결될 방법이 전혀 보이지 않는다고 느껴진다면, 어떻게 하는 게 좋을까요?

자신의 존재와 이 삶이 유한하다는 걸 떠올려야 해. 모든 일에는 시작이 있고 끝도 반드시 있어. 그걸 믿어야 해. 비가 올 때, 비 맞으며 울부짖지 말고 처마 밑에 들어가서 비가 그치길 기다려야지. 그게 그칠 거라는 건 명확하잖아. 내가, 삶이 유한하다는 걸 믿어야 해. 우리는 다 나이를 먹고 언젠가 죽게 돼. 젊을 땐 이 모든 것에 끝이 없을 것 같이 느껴지지만 그건 사실이 아니지. 조바심 내는 걸 알아차릴 때가 기회야. 그때 심호흡하고 다시 알아차리는 순간이 내가 성장할 수 있는 기회라고 생각해.

그리고 삶에서 쓸데없는 경험은 없어. 모든 건 다 나름의 의미가 있어. 중요한 건 오늘 많이 이야기했듯이 그걸 볼 수 있는 눈이 있냐는 거지. 일이든 사람이든 상황이든 결국 내 안에 달린 문제야. 내가 어떤 상태로 존재하고, 어떻게 바라보느냐.

The kitchen is not just a place for cooking; it's a place for gathering, laughing, and creating memories.

108   Aeree's Life Recipe

레몬 큐브
Lemon cube

레몬 큐브는 신선한 레몬을 그대로 간 후 얼려 보관한 것이다. 요리에 더했을 때 상큼한 산미와 은은한 단맛, 쌉싸름한 여운이 어우러지며 음식의 균형을 잡아주고, 기름진 요리의 느끼함을 줄이고 신선한 시트러스 향을 더해준다.

재료
레몬(원하는 만큼)

만드는 법
1 과채류 전용 세제 또는 베이킹 소다를 푼 물에 레몬을 10분 정도 담갔다가 꺼내어 씻는다. 이어서 냄비에 물을 끓인 후 레몬을 5~10초 정도 데쳤다가 씻는다.
2 레몬을 잘라 씨를 발라낸 후 믹서에 갈기 좋게 잘게 썰어준다.
3 믹서로 아주 곱게(크리미하게) 간다.
4 간 레몬을 큰 비닐에 펴서 깔아준 후 랩으로 덮고 얼린다.
5 얼린 레몬은 썰어서 통에 담고 냉동 보관한다.
6 레몬 큐브를 사용하기 전에 미리 해동해 두면 좋다.

봄동 샐러드
Bomdong Salad

추천 도구
야채 탈수기, 레몬 스퀴저(핸드 스퀴저 또는 자동 스퀴저)

메인 재료
봄동 2다발(700g), 생아몬드(또는 호두) 한 줌

소스 재료
엑스트라버진 올리브 오일 100ml, 홀그레인 머스터드 2T, (선택)꿀 1T(액상 알룰로스로 대체 가능), 알룰로스 ½T, 즉석에서 다진 마늘 3알, 착즙한 레몬즙 60ml(작은 레몬 2개 분량), 소금 ½t, 후추 약간

달콤하고 아삭한 봄동의 씹을수록 고소한 맛과 쌉싸름한 풍미가 매력적인 샐러드다. 원하는 재료를 추가해 메인 샐러드로 먹어도 근사하고, 다른 음식의 사이드 메뉴로도 잘 어울린다. 기분 좋게 입맛을 돋우는 영양 가득한 봄철 요리다.

만드는 법

1 아몬드를 끓는 물에 데치거나 삶은 뒤 껍질을 벗겨둔다.
2 고소한 맛을 원한다면 아몬드를 팬이나 에어프라이어에 살짝 굽는 것도 좋다.
3 신선한 봄동 밑둥을 싹둑 잘라내고 물기를 최대한 제거한다. (야채 탈수기 활용 추천)
4 큰 보울에 손질한 봄동과 소스를 버무려가며 양과 간을 맞춘다.

> 모두 한 번에 버무리면 봄동과 소스의 비율이 안 맞을 수 있으므로 조금씩 나눠 버무리며 비율을 맞추는 것이 좋다

5 준비한 견과류(살짝 부셔 넣으면 샐러드 채소와 잘 어우러져 좋다)를 섞어 샐러드를 완성한다.

봄동 된장무침
Spring Cabbage Doenjang Salad

재료
봄동 2다발(700g)

양념장 재료
된장 2T(된장의 염도에 따라 조정), 멸치다시마 육수 3T, 대파 흰부분 ½대 다진 것, 간마늘 ⅓T, 고춧가루 ½T, 알룰로스 ½T, 어간장(또는 참치액젓) 1T, 들기름 2T, 통깨 2T

아삭하고 달콤한 봄동을 된장, 다진 마늘, 참기름, 고춧가루 등으로 버무려 감칠맛과 고소한 풍미를 살린 나물 요리다. 봄동의 신선한 식감과 된장의 깊은 맛이 조화를 이루며, 간단하지만 훌륭한 한식 반찬이다.

만드는 법

1 봄동을 먹기 좋게 손질하고 물에 담가 깨끗이 씻는다.
2 냄비에 물과 소금을 넣고 끓어오르면 봄동을 넣고 30초 정도 뒤적이며 데친다.
3 데친 봄동을 찬물에 헹군 후 먹기 좋게 잘라 물기를 꽉 짠다.
4 크기가 넉넉한 보울에 봄동을 담고 양념장에 골고루 버무려 먹는다.

콩나물 볶음
Stir-fried Soybean Sprouts

콩나물 볶음은 아삭한 콩나물을 대파, 마늘과 함께 볶아 감칠맛을 살린 담백한 반찬이다. 간장과 소금으로 깔끔하게 간을 맞추고, 들기름과 통깨를 더해 고소한 풍미를 더한다. 따뜻한 밥과 함께 먹거나 비빔밥 재료로 활용하면 더욱 맛있게 즐길 수 있다.

재료

콩나물 600g, 대파 1대, 엑스트라버진 아보카도 오일 2T, 간마늘 1T, 진간장 2T, 소금 조금, 후추 조금, 통깨 1T, 들기름 1T

만드는 법

1. 달군 팬에 엑스트라버진 아보카도 오일 2T, 간마늘 1T, 손질한 대파를 넣고 지글지글 볶는다.
2. 콩나물과 간장 2T를 넣고 뒤집어 가며 볶는다.
3. 소금과 후추를 약간 넣고 섞어준 뒤 잠시 뚜껑을 덮는다.
4. 적당한 질감이 나오면 넓게 펼쳐주고 통깨 1T와 들기름 1T를 넣어 섞어준다.

오이 부추 무침
Seasoned Cucumber and Chive Salad

메인 재료
백오이 2개, 부추 한 줌, 양파 ½개

양념 재료
멸치액젓(또는 어간장) 2T, 다진마늘 1.5T, 고춧가루 3T, 고추장 1T, 알룰로스 2T, 식초 1T, 들기름 2T, 깨소금 1T

새콤하면서도 매콤한 맛이 조화를 이루며, 오이의 시원한 식감과 부추의 은은한 향이 어우러져 상큼하고 깔끔한 맛을 낸다. 간단한 재료로 쉽게 만들 수 있어 밥 반찬이나 고기 요리의 곁들임으로 잘 어울린다. 특히 삼겹살이나 불고기 같은 기름진 음식과 함께 먹으면 느끼함을 잡아주는 역할을 한다.

만드는 법

1 오이는 반으로 가른 뒤 어슷하게 썰어준다.
2 오이에 소금 1T를 뿌리고 10분간 절인다.
3 절인 오이를 찬물에 헹군 뒤 면보로 물기를 짜준다.
4 양파 ½개를 채 썰고 부추는 5cm 간격으로 썬다.
5 절인 오이를 먼저 양념에 버무린 후 부추와 양파를 넣고 함께 버무려 준다.

깻잎순 볶음
Stir-fried Perilla Sprouts

재료
깻잎순 400g, 대파 1대, 바지락살 100g, 엑스트라버진 아보카도 오일 1T, 간마늘 1T, 진간장 1T, 소금 조금, 들깨 가루 3T, 들기름 2T

깻잎순 볶음은 깻잎 특유의 향긋한 풍미와 고소한 들기름이 어우러져 깊은 맛을 내며, 부드러우면서도 살짝 아삭한 식감이 특징이다. 매콤한 맛을 원할 경우 고춧가루나 청양고추를 추가할 수 있으며, 밥과 함께 곁들이거나 비빔밥 재료로 활용하기 좋다.

만드는 법

1 엑스트라버진 아보카도 오일 1T에 간마늘 1T, 손질한 대파를 넣고 볶는다.
2 볶은 기름에 바지락살을 넣고 볶다가 마지막에 깻잎순을 함께 볶아준다.
3 간장을 한 바퀴 두르고 뚜껑을 덮는다.
4 양념이 잘 섞이게 중간중간 휘휘 뒤적여 준다.
5 소금 두 꼬집, 들깨가루 3T를 넣고 볶는다.
6 깻잎순의 질감이 나오면 들기름 2T를 넣고 섞어 완성한다.

멸치육수
Anchovy Broth

멸치육수는 멸치, 표고버섯, 다시마를 넣어 깊은 감칠맛과 구수한 풍미를 살린 기본 육수이다. 다양한 국물 요리의 기본 재료로 활용할 수 있으며, 다른 요리에도 응용하기 좋은 천연 육수이다.

끓기 시작하면 다시마 진액이 부풀어 올라 넘칠 수 있으니 넉넉한 냄비를 이용하고 지켜보도록 한다.
이때 올라오는 거품은 다시마 진액이므로 걷어내지 않아도 된다.
추후 이 육수로 요리할 때 나오는 거품은 걷어내도 좋다.

재료
다시멸치 50g(내장을 발라내고 몸통과 머리를 함께 사용한다), 말린 표고버섯 4~5개, 다시마 10g, 정수물 2L

만드는 법

1. 내장을 발라 놓은 멸치를 머리와 함께 전자렌지에 2~3분간 데운다(이때 구운 생선 냄새가 고소하게 난다).
2. 데운 멸치를 정수물에 담근다.
3. 표고와 다시마를 깨끗한 젖은 행주로 닦은 뒤 정수물이 담긴 냄비에 담궈 4시간 이상 불린다(여름에는 상하지 않도록 냉장보관해 불리도록 한다).
4. 냄비 그대로 불에 올려 끓기 시작하면 20~25분 후 불을 끈다.
5. 모든 재료를 체망에 깔끔하게 걸러준다.

당근 라페
Carottes râpées

당근 라페는 채썬 당근을 새콤달콤한 드레싱에 버무려 감칠맛을 살린 프랑스식 샐러드이다. 레몬즙과 애플사이다 식초로 산미를 더하고, 홀그레인 머스터드가 은은한 깊은 맛을 더해 상큼하면서도 고소한 풍미가 살아난다. 당근이 절여지는 동안에도 아삭한 식감이 유지되면서도 드레싱이 잘 배어들어 더욱 감칠맛이 풍부해진다. 미리 만들어 뒀다가 샐러드에 추가하거나, 고기 요리나 글루텐프리 빵에 곁들이면 한 끼가 다채로워진다.

당근 라페는 냉장고에 보름 정도까지 보관할 수 있어 간편하다.

도구
채칼, 베보자기

재료
당근 약 700g, 소금 10g

소스
레몬즙 3T, 애플 사이다 식초 3T, 홀그레인 머스터드 3T, 엑스트라버진 올리브 오일 6T, 알룰로스 5T(액상 기준)

만드는 법
1 채칼로 당근을 먹기 좋게 썬다.
2 채 썬 당근에 소금 10g을 뿌리고 20분간 절여준다.
3 당근이 절여지는 동안 레시피대로 소스를 만들어 둔다.
4 간이 잘 배인 당근을 베보자기에 넣어 물기를 꼬옥 짠다.
5 당근에 소스를 먹기 좋게 잘 버무려 준다.

세발나물 겉절이
Seasoned Sea Fennel Salad

세발나물은 바닷가 근처의 염분이 많은 땅에서 자라는 해양 식물로, 아삭한 식감과 짭조름한 맛이 특징이다. 자연스럽게 바닷물의 영향을 받아 나트륨 함량이 높아 별도의 소금을 많이 첨가하지 않아도 감칠맛이 살아 있으며, 은은한 단맛과 고소한 풍미도 있다. 샐러드, 겉절이, 나물 무침, 비빔밥 재료 등으로 활용되며, 참기름이나 들기름과 잘 어울려 고소한 맛을 더욱 살릴 수 있다. 세발나물은 미네랄과 식이섬유가 풍부해 건강식으로도 인기가 많으며, 깔끔하고 신선한 맛 덕분에 해산물 요리와 곁들여 먹기에도 좋다.

양념소스를 한번에 만들어 뿌리지 않고 재료들을 하나씩 버무리며 맛을 내는 게 포인트!

재료
세발나물 200g, 양파 ½개 채 썬 것

양념 재료
고춧가루 2T, 어간장(또는 멸치액젓) 2T, 다진마늘 ½T, 알룰로스 2T, 식초 2T, 냉압착 들기름 2T, 통깨 2T

만드는 법
1. 먼저 세발나물의 억센 줄기를 잘라 손질한다.
2. 손질된 세발나물을 씻은 뒤 야채 탈수기 등을 이용해 물기를 제거해 준다.
3. 큰 보울에 세발나물과 채 썬 양파를 담고 양념재료를 고춧가루, 어간장, 마늘, 알룰로스, 식초, 들기름 순서로 넣어 버무린다.
4. 마지막에 통깨를 뿌려주면 완성.

세발나물 무침
Seasoned Sea Fennel

아삭한 식감과 짭조름한 맛이 특징인 세발나물을 들기름, 다진 마늘, 식초, 고춧가루, 간장 또는 소금 등으로 간단하게 양념해 무친다. 세발나물 자체의 감칠맛이 양념과 어우러지면 새콤하고 고소한 풍미가 살아난다. 기름진 음식과 함께 먹으면 입안을 깔끔하게 정리해 주며, 밥반찬이나 비빔밥 재료로도 활용하기 좋다. 영양이 풍부하고 간단하게 만들 수 있어 봄철 건강한 나물 요리로 많이 즐겨 먹는다.

재료
세발나물 200g

양념 재료
다진 마늘 ½T, 어간장(또는 멸치액젓) 1T, 들기름 1T, 들깨가루(또는 간 참깨) 2T

만드는 법
1. 세발나물의 줄기를 손질하여 깨끗이 씻는다.
2. 냄비에 물 1L와 소금 1T를 넣고 끓인다.
3. 물이 끓으면 세발나물을 넣고 2~3회 저어준 뒤 꺼낸다.
4. 세발나물의 물기를 최대한 짠 다음 먹기 좋게 칼로 2~3등분 한다.
5. 보울에 세발나물과 양념을 넣어 손으로 뭉치지 않게 골고루 버무려 주면 완성.

돼지고기 김치솥밥
Pork and Kimchi Pot Rice

김치 솥밥은 깊게 익은 배추김치와 돼지고기를 함께 볶아 감칠맛을 극대화한 후, 쌀과 함께 천천히 지어낸 솥밥 요리이다. 버터를 더해 볶으면 고소한 풍미가 한층 살아나며, 김치와 돼지고기의 감칠맛이 밥에 스며들어 별다른 반찬 없이도 든든한 한 끼 식사가 완성된다.

재료

돼지고기 300g(취향에 맞는 부위), 익은 배추김치 600g, 무나물 볶은 것 1컵(없으면 생략 가능. 집밥 클래스 25화 참고), 버터 50g(취향에 따라 가감), 쌀 1.5컵, 정수물 1컵(무나물을 넣지 않는다면 물의 양을 1.5컵으로 한다)

만드는 법

1. 씻은 쌀을 30분 정도 물에 불려둔다.
2. 돼지고기와 김치를 먹기 좋게 썰어둔다.
3. 냄비에 버터를 두르고 돼지고기와 김치를 볶는다.
4. 볶은 돼지고기와 김치를 냄비에서 꺼낸다.
5. 냄비에 불린 쌀과 물, 무나물, 그리고 볶아둔 돼지고기와 김치를 넣고 중강불에 10분간 끓인다(밑이 타서 들러붙지 않도록 저어준다).
6. 불을 약불로 줄인 후 15분간 끓이고 나서 불을 끄고 10분간 뜸을 들인다.
7. 뜸이 들면 뚜껑을 열고 골고루 섞어준다.

채소찜
Steamed Vegetables

채소찜은 다양한 신선한 채소를 저온에서 천천히 쪄낸 건강식이다. 비트, 무, 당근, 연근, 우엉 같은 뿌리채소는 오랜 시간 쪄 깊은 단맛과 적절한 식감을 끌어내고, 잎채소는 짧게 쪄내 아삭한 식감을 유지하는 것이 특징이다. 따뜻하게 쪄낸 채소에 엑스트라버진 올리브 오일, 발사믹 식초, 레몬 큐브를 곁들이면 고소하면서도 새콤한 풍미가 살아나 더욱 맛있게 즐길 수 있다.

도구
일반 냄비나 찜기

재료
비트/무/당근/마/우엉/연근 중 원하는 것, 양배추/배추/시금치 중 원하는 것, 브로콜리/컬리플라워/가지 중 원하는 것, 그 외 자신의 식단에 맞는 신선한 채소, 엑스트라버진 올리브 오일, 무설탕 발사믹 식초

만드는 법

1 냄비에 찜기를 놓고 약불에 오랜 시간 찐다(전기 찜기를 이용하면 타이머 기능을 쓰면 좋다).
2 딱딱한 채소는 1시간 정도, 그 외의 채소는 각각의 질감에 맞게 짧게 찌고 꺼낸다.
3 따뜻하게 쪄낸 채소찜에 엑스트라버진 올리브 오일을 지나치다 싶을 정도로 듬뿍 뿌린다.
4 발사믹 식초를 적당량 뿌리고(엑스트라버진 올리브 오일의 ⅓ 정도) 소금이나 후추를 기호에 맞게 뿌린다.
5 레몬을 통으로 갈아 만든 레몬 큐브가 있다면 한 조각 넣어주면 더욱 맛있게 먹을 수 있다.

감동란
Soft-Boiled Marinated Egg

감동란은 노른자는 촉촉하고 부드러우며, 겉은 짭조름하고 감칠맛이 풍부한 양념이 배어 있어 간단하지만 깊은 맛을 느낄 수 있다. 보통 밥반찬이나 간단한 간식으로 먹으며, 샐러드나 덮밥 등의 메뉴에 곁들이면 한층 풍미를 더할 수 있다. 일본식 간장계란(아지타마고)과 비슷하지만, 한국식 감동란은 더 짭짤하고 달콤한 감칠맛이 특징이다.

재료
좋은 달걀, 소금

만드는 법

1 달걀을 미리 상온에 둔다.
2 달걀을 절일 물을 한번 끓인 뒤 소금 25~30g(물1L기준)을 넣고 천천히 식히며, 유리 용기도 열탕 소독해서 식혀둔다.
3 찜기를 불에 올리고 물이 끓으면 달걀을 넣고 7분~7분 30초간(상온 달걀 기준 7분) 찐다.
4 차가운 물에 달걀을 충분히 식힌 뒤 껍질을 깐다.
5 열탕 소독해 식혀둔 유리 용기에 소금물과 함께 담궈 냉장고에 두고 먹는다. 절인 물의 농도가 충분할 경우 냉장보관 시 2주까지 먹을 수 있다.

냉장고에 넣어두고
출출할때 하나씩 까 먹으면
더할 나위 없는 한 끼 간식이 된다!

알배추 절임
Pickled Cabbage

알배추 절임은 숙성 기간에 따라 맛이 달라지며, 짧게 절이면 신선하고 깔끔한 맛이 나고 오래 숙성하면 더욱 깊은 감칠맛이 살아난다. 간단한 반찬으로 먹거나 샌드위치, 고기 요리, 비빔밥 등에 곁들여 개운한 맛을 더하는 용도로 활용된다. 한식에서는 간장이나 고춧가루를 넣어 감칠맛을 더하기도 하며, 서양식 요리에서는 사우어크라우트나 코울슬로처럼 활용할 수도 있다. 부담 없이 즐길 수 있는 가벼운 반찬이자 건강한 발효 음식으로도 매력적이다.

재료
배추, 오이, 소금

만드는 법
1. 배추와 오이를 깨끗하게 손질해 둔다.
2. 물 300~400ml에 소금 12g의 비율로 소금물을 만들며, 배추와 오이의 양에 따라 소금물의 양을 늘린다.
3. 만들어둔 소금물에 배추와 먹기 좋게 자른 오이를 담가 절여둔다.
4. 소금물의 양은 알배추가 모두 잠길 정도로 조절해주며, 알배추를 최소 3일 이상 절인다.

버섯 솥밥
Rice Cooked in a Mushroom Pot

버섯 솥밥은 감칠맛이 풍부한 버섯과 양지 소고기를 함께 넣어 깊은 풍미를 끌어올린 한국식 솥밥이다. 버터에 멸치액젓으로 밑간한 소고기를 볶고 밥을 멸치육수에 졸여 감칠맛을 극대화하고, 표고버섯과 팽이버섯을 더해 쫄깃한 식감을 살리는 것이 특징이다. 쉽고 간단해서 일상에서 자주 해먹기 좋으며, 손님을 대접할 때 내기에도 부담스럽지 않다.

재료

생표고 5개, 소고기 양지 간 것 100g, 멸치액젓 1T, 팽이버섯 1개(느타리 또는 다른 버섯도 가능), 버터 20g, 멸치액젓 ½T(까나리 액젓으로 대체 가능), 쪽파 다진 것 60g, 찬 밥(즉석밥으로 대체 가능) 300g, 멸치육수 2T(생수로 대체 가능)

만드는 법

1 소고기 양지 간 것을 미리 멸치액젓 1T에 버무려 둔다.
2 달군 솥에 버터와 액젓에 버무린 소고기를 넣어 볶는다.
3 채 썬 생표고와 느타리버섯 또는 팽이버섯을 찢어 넣고 다시 볶는다.
4 멸치육수와 찬밥을 넣은 후 뚜껑을 닫고 약 5분간 약불에 졸인다.
5 멸치액젓 ½T를 넣고 익어가는 밥과 재료를 골고루 섞은 후 쪽파 다진 것을 넣는다.
6 잠시 뚜껑을 덮어 뜸을 들인다.
7 뜸이 들면 밥에 참기름 1T, 깨소금 1T를 넣고 잘 저어 완성한다.

꽈리고추 멸치 볶음
Stir-fried Shishito Peppers and Anchovies

꽈리고추 멸치볶음은 꽈리고추의 은은한 매콤함과 멸치의 짭조름한 풍미가 조화를 이루어 밥반찬으로 인기가 많으며, 단맛을 더하면 아이들도 맛있게 즐길 수 있다. 멸치는 잔멸치를 사용하면 바삭한 식감을 살릴 수 있고, 중간 크기의 멸치를 사용하면 더욱 고소한 맛을 느낄 수 있다. 간단한 조리법으로 쉽게 만들 수 있으며, 보관도 용이해 한 끼 반찬으로 활용하기 좋은 영양 가득한 요리다.

재료

볶음용 멸치 100g, 편으로 썰어낸 알마늘 10알, 3~4토막으로 자른 꽈리고추 10개, 슬라이스로 썬 홍고추 1개, 엑스트라버진 아보카도 오일 7T, 화이트와인 1T, 진간장 1T, 생강즙 1t, 알룰로스 3T, 통깨 1T, 들기름 1T

멸치는 너무 센불에
볶지 않도록 주의한다.
조리 후에는 반드시
넓게 펼쳐 식히도록 한다.

만드는 법

1. 통마늘을 편으로 썬다.
2. 멸치를 전자렌지에 2분간 돌린 후 식혀 둔다.
3. 달군 프라이팬에 엑스트라버진 아보카도 오일을 넣고 편을 썰어둔 마늘을 노릇하게 굽는다.
4. 마늘이 노릇해지면 프라이팬에 멸치 100g을 넣고 약불에 볶는다(마늘을 빼두었다가 멸치를 볶고 나중에 넣어도 된다).
5. 기호에 따라 화이트 와인을 둘러 향을 날린다.
6. 진간장1T를 두르고 꽈리고추, 알룰로스, 취향에 따라 홍고추를 넣어 섞는다.
7. 멸치에 간이 충분히 배었을 즈음(약 5분 소요) 들기름과 통깨를 뿌리고 넓게 펼쳐 식힌다.

아보카도 마요네즈
Avocado Mayonnaise

아보카도 마요네즈는 일반 마요네즈에 사용되는 식용유 대신 엑스트라버진 아보카도 오일을 활용해 만든 마요네즈이다. 샐러드 드레싱, 달걀 샐러드, 샌드위치 소스, 타코 소스 등 기존에 마요네즈를 활용하는 다양한 요리에 사용할 수 있으며, 클린 식단을 하면서도 부담 없이 즐길 수 있는 고소하고 깔끔한 소스다.

도구
핸드 블렌더

재료
상온에 둔 달걀 2개(약 110g), 엑스트라버진 아보카도 오일 200ml, 소금 2꼬집, 식초 1T(또는 레몬큐브 20g), 홀그레인 머스터드 1t

만드는 법
1. 달걀은 차갑지 않게 상온에 둔다.
2. 모든 재료를 입구가 좁은 용기에 넣고 핸드 블렌더로 꾹 누른채 섞는다.
3. 이때 핸드 블렌더가 움직이지 않도록 주의한다.
4. 어느 정도 질감이 나오면 살짝 움직여 재료들을 골고루 섞어주고 마무리한다.

아보카도 오일 마요네즈 실패하지 않는 법
1. 향긋한 엑스트라버진 아보카도 오일을 고른다.
2. 신선한 달걀을 고른다(노른자와 흰자가 탱글탱글한 것).
3. 모든 재료를 미리 상온에 놓아둔다.

아보카도 마요네즈 활용 소스 3가지
Three Sauces Made with Avocado Mayonnaise

아보카도 오일로 만든 마요네즈를 이용해 다양한 소스를 만들 수 있다. 아래의 3가지 레시피 외에도 시중의 다양한 소스 레시피를 참고하여 자신의 취향에 맞는 소스를 만든다.

참깨 드레싱

재료

아보카도 마요네즈 2T, 참깨 간 것 2T, 검은깨 간 것 2T, 양파 다진 것 2T, 알룰로스 1.5t(취향에 맞게 선택 가능), 식초 1t, 진간장 1T, 냉압착들기름 1T, 레몬즙(또는 식초) 1T

렌치 드레싱

재료

아보카도 마요네즈 100g, 무설탕 플레인 요거트 100g, 이태리 파슬리 1T(다진 것), 생잎 딜 1T(다진 것), 다진 마늘 1알, 다진 양파 1T, 홀그레인머스타드 1T, 레몬즙 또는 식초 2T, 후추 약간

아이올리 드레싱

재료

아보카도 마요네즈 150g, 무설탕 플레인 요거트 100g, 알룰로스 15g, 생잎 딜 10~20g, 다진마늘 15g

가지 꽈리고추 찜
Steamed Eggplant and Shishito Peppers

도구
찜기

재료
가지 400g(2~3개), 꽈리고추 50~100g, 습식 찹쌀가루(또는 감자전분) 2T, (선택) 날콩가루 또는 아몬드 가루 1T

양념장 재료
고춧가루 ½T, 진간장 3~4T (약간 심심한 정도의 간이므로 기호에 맞게 간장을 추가해도 좋다), 액젓 또는 어간장 1T, 알룰로스 1~2.5T, 다진마늘 1T, 다진생강 또는 생강즙 1t, 홍고추 1개, 통깨 1T, 냉압착 들기름 1T

가지 꽈리고추 찜은 밀가루 없이 찹쌀가루를 입혀 부드럽게 찐 가지와 꽈리고추를 양념장에 버무려 깊은 풍미를 더한 한식 반찬이다. 쪄낸 가지는 촉촉하고 쫄깃한 식감을 가지며, 꽈리고추는 향긋하면서도 매콤함을 은은하게 더해 입맛을 돋운다. 차갑게 식혀 먹으면 더욱 쫄깃한 식감을 느낄 수 있다.

만드는 법

1 양념장 재료를 모두 섞어둔다.
2 가지를 가로로 3등분 한 뒤, 길쭉하게 반으로 가르고 다시 길쭉하게 3~4등분 한다.
3 꽈리고추는 꼭지를 따고 큰 것은 반으로 자른다.
4 큰 보울에 가지와 꽈리고추를 넣고 찹쌀가루와 아몬드가루를 넣어준다. 이때 고추와 가지에 약간의 물기가 있어야 찹쌀가루가 잘 붙는다.
5 찜솥에 소금 한 꼬집을 넣고 김이 오르면 버무려 놓은 꽈리고추와 가지를 넣고 5분간 찐다.
6 보울에 찐 야채를 쏟은 뒤 양념장을 붓는다.
7 알뜰주걱으로 골고루 섞은 후 넓은 바트에 펼쳐 식히면 완성.

연근 샐러드
Lotus Root Salad

연근 샐러드는 연근을 데쳐 고소한 참깨 드레싱과 버무린 상큼한 샐러드이다. 연근 특유의 아삭한 식감이 살아 있으면서도 참깨 드레싱이 연근에 부드럽게 스며들어 고소한 풍미가 매력적이다. 밥 반찬으로 먹어도 좋고, 샐러드나 다른 요리의 사이드로 곁들여도 좋다. 마요네즈만 준비되어 있다면 간단하고 쉽게 만들 수 있다.

재료
통연근 1~2개, 참깨 드레싱

참깨 드레싱 재료
아보카도 마요네즈 4T, 다진 양파 4T, 간장 2T, 식초 2t, 알룰로스 3t(취향에 맞게 소금 ½t 조절), 레몬즙 1T, 냉압착 생들기름 2T, 간 참깨 4T, 간 검은깨 4T

만드는 법
1. 연근을 깨끗하게 손질한다.
2. 끓는 물에 소금 1T, 식초 1T를 넣고 연근을 7분 30초간 (취향에 맞게 조절) 데친다.
3. 간이 밴 연근을 찬물에 담가 식힌다.
4. 연근의 물기를 닦아 제거한다.
5. 식힌 연근에 참깨 드레싱을 섞어 버무려 먹는다.

토마토 마리네이드
Marinated Tomatoes

재료

완숙 방울토마토 또는 대저토마토 500~600g, 양파 반 개, 엑스트라버진 올리브 오일 60ml, 레몬즙 20ml, 발사믹식초 20ml, 소금 5g, 알룰로스 1T, 바질잎 약간 (혹은 파슬리가루 또는 바질페스토 1T)

토마토 마리네이드는 신선한 토마토를 양파, 올리브오일, 레몬즙, 발사믹 식초, 바질과 함께 버무려 감칠맛과 상큼함을 극대화한 지중해풍 요리이다. 토마토의 달콤한 과즙과 산미가 조화롭게 어우러지고, 양파의 은은한 알싸함과 바질의 향긋한 풍미가 더해져 입맛을 돋운다. 냉장고에 두고 샐러드에 곁들여 먹거나 빵 위에 올려 즐길 수 있다.

만드는 법

1. 토마토를 씻은 다음 꼭지를 떼어낸다.
2. 토마토 꼭지가 있던 위치에 십자 칼집을 낸다.
3. 토마토를 끓는 물에 3분 정도 데친 후 찬물에 식힌다.
4. 식은 토마토의 껍질을 벗긴다.
5. 양파 반 개를 잘게 잘라 다진다.
6. 바질을 잘게 썰거나 취향에 맞게 찢어 넣는다.
7. 토마토를 제외한 모든 재료를 섞는다.
8. 깨끗하게 손질한 토마토와 나머지 재료들을 섞어 먹기 좋게 버무린다.

깻잎찜
Steamed Perilla Leaves

깻잎찜은 깻잎 특유의 향과 쫄깃한 식감이 어우러져 밥과 함께 먹기 좋으며, 찌는 과정에서 양념이 깊이 배어 깔끔하면서도 짭조름하고 고소한 맛을 즐길 수 있다. 매콤한 맛을 원하면 청양고추를 추가할 수 있으며, 따뜻한 밥 위에 올려 먹거나 비빔밥 재료로 활용하기도 좋다. 간단한 재료로 만들 수 있어 한식 반찬으로 빠질 수 없는 요리다.

재료
깻잎 200g

양념장 재료
다진대파 (또는 쪽파나 실파) 200g, 홍고추 또는 청양고추 2개 다진 것, 다진마늘 30g(2T), 생강즙 1t, 고춧가루 20g(2T), 통깨 20g(2T), 진간장 100ml(또는 진간장 60ml와 어간장 30ml 섞은 것으로 대체 가능), 들기름 45ml(3T), 물 또는 다시마물 50ml, 알룰로스 3T

만드는 법

1 여러 장의 깻잎의 꼭지를 잡고 탈탈 털어 이물질을 제거한다.

2 넉넉한 용기에 물을 채우고, 식초 1~2T와 깻잎을 넣어서 10분간 재운다.

3 깻잎을 물로 깨끗하게 헹군 뒤 물기를 최대한 제거한다.

4 양념장 재료를 모두 섞어 만들어 둔다.

5 섞어 놓은 양념장을 깻잎 3장마다 바르면서 켜켜이 쌓아 올려 넓은 그릇에 담는다.

6 찜기의 물이 끓으면 양념해 둔 깻잎을 담은 그릇을 찜기에 통째로 넣고 5분간 찐다.

7 중간에 깻잎을 한번 뒤집어 골고루 익히면 완성.

달걀찜
Steamed Eggs

일반 달걀찜보다 촉촉하고 부드러운 식감이 매력적인 달걀찜이다. 육수, 명란, 쯔유 또는 새우젓이 주는 감칠맛이 매력적이라 남녀노소 좋아한다. 따뜻한 밥과 함께 먹으면 더욱 부드럽고 고소한 맛을 즐길 수 있다.

도구
달걀찜기, 찜기 냄비

재료
달걀 3개, 멸치 또는 다시마육수 200ml, 잘게 썰어둔 명란 1알(약 37g), 우동쯔유 1t(없으면 새우젓으로 대체 가능), 새우젓 1t

만드는 법

1. 달걀 3개(날달걀 기준 150g)와 다시마 표고물 200ml를 보울에 넣는다.
2. 우동쯔유 1t와 새우젓 1t를 보울에 넣는다.
3. 거품이 너무 일지 않도록 주의하며 달걀물을 섞는다.
4. 잘 섞은 달걀물을 체에 곱게 걸러내고 명란을 칼로 잘게 썰어준다.
5. 걸러 낸 달걀물에 명란을 넣는다.
6. 달걀물을 뚜껑이 있는 그릇에 나눠 담고 찜기에 넣어 강불에 2분간 찐다(겉면을 익히기 위함).
7. 약불로 줄여서 10분 더 찐다.

달걀말이
Rolled Omelette

도구
계란말이 팬, 고무주걱

재료
달걀 5개, 다진대파 또는 쪽파 3T, 청양고추 또는 홍고추 다진 것 1T (생략가능), 날치알 40~50g, 모짜렐라 치즈 2T, 화이트 와인 2T, 소금 1t, 다시마물 또는 생수 5T(달걀 1개당 물 1T), (선택) 애호박, 부추, 청양고추, 대파 등 기호에 맞는 재료 추가

달걀말이는 달걀을 풀어 다진 채소, 소금, 후추 등을 넣고 얇게 부친 후 여러 겹으로 말아 만드는 요리다. 기본적인 달걀물에 날치알과 치즈를 넣어 고소함을 더하고, 청양고추나 대파를 곁들여 풍미를 높였다. 중약불에서 천천히 말아가며 구우면 겹겹이 쌓이는 부드러운 식감이 살아나며, 멸치 다시마 육수와 화이트 와인을 더해 감칠맛이 깊어진다. 단순한 재료만으로도 훌륭한 맛을 내며, 도시락 메뉴로도 잘 어울린다.

만드는 법

1. 달걀, 날치알, 멸치 다시마 육수, 화이트 와인을 넣고 섞어준다.
2. 달군 팬에 엑스트라버진 아보카도 오일(엑스트라버진 올리브 오일로 대체 가능)을 두르고 달걀물을 조금 붓는다.
3. 중약불로 서서히 구우면서 익을 때마다 조금씩 말아준다.
4. 끝까지 말아지면 달걀물을 추가로 붓고 덩어리를 살짝 들어 그 밑으로 달걀물이 흘러 들어가게 해준다.
5. 사각팬의 테두리와 고무주걱을 활용해서 모양을 잡아주면서 총 3번에 걸쳐 말아준다.

달걀 샐러드
Egg Salad

도구
포테이토 매셔

재료
달걀 10개(약 600g), 오이 100g(중간 크기 반 개 정도), 양파 70g(중간 크기 반 개 정도), 소금 ½t

샐러드 소스
아보카도 마요네즈 180g, 분말 알룰로스 2T(반드시 분말을 사용한다), 소금 ⅓t, 후추 약간(생략 가능)

달걀 샐러드는 삶은 달걀을 으깨서 마요네즈, 소금, 후추 등을 섞어 만든 부드럽고 고소한 샐러드이다. 단독으로 먹어도 맛있고, 토스트한 빵이나 구운 또띠아에 올려 먹어도 잘 어울린다.

만드는 법

1 달걀 10개 정도를 완숙으로 삶은 뒤(끓는 물에 12분) 찬물에 담가 식힌다.
2 오이와 양파를 채칼로 잘게 썰고 소금에 10분간 절인다.
3 삶은 달걀의 껍질을 벗기고 포테이토 매셔로 잘 으깨준다.
4 절여진 오이와 양파를 베보자기에 넣고 물기를 꼬옥 짜준다.
5 으깬 달걀에 오이와 양파를 넣고 샐러드 소스에 버무린다.

가지 솥밥
Eggplant Pot Rice

가지 솥밥은 부드러운 가지, 기름진 소고기와 함께 다양한 재료의 풍미를 살린 한식 솥밥이다. 대파 기름, 굴소스와 간장류, 멸치육수로 지은 밥이 감칠맛을 극대화한다. 따뜻한 한 그릇만으로도 만족스러운 한 끼 식사가 되며, 고소하면서도 담백한 맛 덕분에 부담 없이 즐길 수 있는 영양 가득한 솥밥이다.

재료

가지 큰 것 3~4개, 대파 3~4대, 소고기(양지) 300g (또는 다진 소고기나 돼지고기 목살), 쌀 2컵, 멸치다시물 또는 정수물 280ml, 우동쯔유 2T, 굴소스 1T, 진간장 2T, 엑스트라 버진 아보카도 오일

고기 밑간 재료

간장 2T, 레드와인(또는 화이트와인) 2T, 마늘 1T, 후추 약간

만드는 법

1. 쌀을 씻은 뒤 30분 이상 물에 불린다.
2. 고기 300g에 밑간 양념을 넣고 버무린다.
3. 대파를 어슷 썰고, 가지는 반으로 갈라 어슷 썬다.
4. 밥을 지을 냄비나 팬을 달군 뒤 아보카도유 4T를 두르고 대파를 볶은 뒤 빼서 식혀둔다.
5. 밑간해 둔 고기를 냄비에 넣고 볶다가 굴소스, 간장, 우동쯔유를 넣고 더 볶은 뒤 빼서 식혀둔다.
6. 손질한 가지를 넣고 투명해질 때까지 볶은 뒤 빼둔다.
7. 불려둔 쌀의 물기를 뺀다.
8. 냄비에 쌀을 담고, 멸치육수 280ml를 넣는다.
9. 쌀 위에 볶은 대파, 고기, 가지를 올린다.
10. 뚜껑을 덮고 8~10분간 강불에서 끓이며 중간중간 뚜껑을 열어 저어준다.
11. 약불로 줄이고 뚜껑을 덮은 채 10~15분간 끓인 뒤, 불을 끄고 10분간 뜸을 들인다.

인스턴트팟이나 압력밥솥에 조리할 경우
쌀을 넣고 볶은 재료를 올린 뒤 물 또는 육수를 붓고
밥 기능으로 10분간 조리한 후 곧바로 증기를 뺀다

매생이 굴국
Slender Seaweed Oyster Soup

재료

다시마 손바닥 크기 2장, 물 2L, 매생이 700g, 굴 400g, 대파 흰 부분 2대, 다진마늘 2T, 어간장 (또는 국간장이나 액젓) 2~3T(기호에 맞게 가감), 냉압착 생들기름, 엑스트라버진 아보카도 오일

만드는 법

1 키친타월로 깨끗이 닦은 다시마 2장을 물에 4시간 이상 불린다(여름엔 냉장고에 넣어 불린다).
2 다시마 불린 물을 15분간 팔팔 끓인다.
3 굴을 소금물에 살살 비벼 씻고 한번 더 흐르는 물에 헹궈서 체로 물기를 뺀다.
4 소금물에 매생이를 풀어가며 씻고 두 번 더 헹궈서 물기를 뺀다.
5 달군 팬에 엑스트라버진 아보카도 오일을 두르고 굴이 부서지지 않게 살짝(비린내만 날리는 정도) 익힌다.
6 냄비에 엑스트라버진 아보카도 오일을 두르고 미리 준비해둔 파와 마늘을 살짝 볶은 후 끓여둔 다시마 물을 넣는다.
7 매생이와 굴을 넣고 굴이 익을 정도로만 살짝 끓인다.
8 어간장, 국간장 또는 액젓을 2~3T 넣고 불을 끈다. 이때 오래 끓이면 매생이가 풀어지므로 주의한다.
9 생들기름을 적당히 둘러 마무리 한다.

매생이 굴국은 겨울철 따뜻하게 즐기기 좋은 보양식으로 인기가 많으며, 뜨끈한 밥과 함께 먹으면 더욱 구수하고 든든한 한 끼가 된다.

소고기 미역국
Beef Seaweed Soup

소고기 미역국은 깊고 진한 국물 맛과 부드러운 미역이 어우러진 보양 음식이다. 소고기와 다시마를 우려낸 육수에 소기름으로 볶은 미역의 풍미를 입히고, 양파의 자연스러운 단맛을 더해 국물이 한층 부드럽고 감칠맛이 난다. 양질의 지방, 미네랄과 철분이 풍부해 건강식으로도 좋으며, 들기름을 충분히 뿌려 먹으면 밥 없이도 든든한 한 끼 식사가 된다.

도구
이 레시피에는 2개의 냄비가 필요

재료
불린 상태의 미역 800g(염장미역 177g 또는 건미역 80g 불리기), 소고기 양지 또는 사태 300g, 소기름 100g, 국간장 2T(조선간장은 염도가 높기에 처음엔 1T만 넣고 국이 완성된 후에 추가하며 간을 맞춘다), 어간장 3T(액젓으로 대체 가능), 다시마 1장(약 10g), 양파 1개, 들기름 2T, 정수물 3L

만드는 법

1 소고기를 먹기 좋게 썰어둔다.
2 미역을 불린 후 먹기 좋게 썰어둔다.
   건미역 : 넉넉한 양의 미지근한 물에 30분 이상 불린다.
   염장미역 : 염분이 빠질 때까지 3번 이상 물을 바꿔가며 불린다.
3 육수 냄비에 소고기와 다시마를 넣고 30분간 불린다.
4 30분간 불린 소고기와 다시마를 끓인다.
5 육수가 끓기 시작한 시점부터 5분간 더 끓인 후 다시마는 건져내고 떠오르는 거품을 걷어낸다.
6 미역국 냄비를 달군 후 소기름과 미역을 넣고 2~3분간 잘 볶는다.
7 미역을 볶은 냄비에 물을 붓고 미역이 풀어지도록 10분 정도 끓인다.
8 미역이 어느 정도 끓으면 통양파와 물을 추가하고 강불에 끓인다.
9 국간장과 어간장을 넣어 간을 맞춘다.
10 육수 냄비에서 고기를 건져 미역국 냄비에 넣는다.
11 육수 냄비의 끓인 육수를 미역국 냄비에 붓고 중약불에서 30분 정도 더 끓인다.
12 양파를 건져 버리고 들기름을 뿌리면 완성.

기호에 따라 미역의 양이 많다고 느껴지면
물을 더 붓고 천일염으로 간을 다시 맞춘다.
오래 끓일수록 깊은 맛이 난다.

돼지고기 새우젓 두부찌개는 새우젓이 국물의 감칠맛을 극대화 하며, 돼지고기와 조화를 이루어 깊은 맛을 내는 것이 특징이다. 짭짤하면서도 부드러운 두부가 어우러져 밥과 함께 먹기 좋은 든든한 찌개다.

돼지고기 새우젓 두부찌개
Pork and Fermented Shrimp Tofu Stew

재료

돼지고기 400g(기름기가 있는 목살, 삼겹살, 또는 앞다리살), 양파 중간 크기 1개(200g~250g), 두부 400~500g(찌개용, 부침용 모두 가능), 엑스트라 버진 아보카도 오일, 굴소스 ½T, 고춧가루 3T, 간마늘 1T, 생강즙 1t, 애리부엌 까나리액젓 1T, 새우젓 2T, 연두 1T, 대파 2대, 물 700~800ml(두부 양에 따라 조절)

만드는 법

1. 양파를 채썬다.
2. 냄비에 엑스트라버진 아보카도 오일 또는 라드유를 1~2T 두른다.
3. 1cm 정도로 얇게 썬 돼지고기에 굴소스를 둘러 겉면을 익힌 후 굴소스 향이 날아가면 손질한 양파를 넣고 볶는다.
4. 고춧가루, 간 마늘, 생강즙, 까나리액젓, 연두를 넣고 더 볶는다.
5. 고기가 익고 양파가 투명해지면 물 700~800ml를 붓는다.
6. 두부와 새우젓을 넣는다.
7. 물이 팔팔 끓기 시작하면 채 썬 대파를 넣고 불을 줄여 10분이상 뭉근하게 끓인다.

돼지고기 수육
Korean Braised Pork

돼지고기 수육은 돼지고기를 부드럽게 삶아 촉촉한 육즙과 깊은 풍미를 살린 요리이다. 양파와 사과의 자연스러운 단맛과 감칠맛을 더하고, 새우젓을 사용해 간을 맞추면서 돼지고기의 잡내를 잡아 깔끔한 맛을 낸다. 새우젓, 된장, 김치, 쌈채소 등과 잘 어울리며, 넉넉하게 만들어 두고 바로 먹지 않는 것은 얼려뒀다가 필요할 때 데워서 간편하게 먹을 수 있다.

재료

돼지 앞다리살, 삼겹살, 또는 목삼겹 1kg(껍질이 붙어 있는 것 추천), 사과 중간 크기 1개(200g), 양파 중간 크기 1개(200g), 새우젓(추젓) 2T, 물 200ml

만드는 법

1 양파는 0.5cm 두께로, 사과는 0.3cm 두께로 썬다.
2 고기를 2~3등분으로 자르고, 새우젓을 골고루 뿌린다.
3 양파를 냄비 밑에 깔고 그 위에 새우젓을 뿌린 고기를 얹는다.
4 고기 위에 사과를 올리고 물을 붓는다.
5 냄비를 강불에 올리고 물이 끓기 시작하면 뚜껑을 덮고 중불에서 50분 가량 더 끓인다.
6 중간에 열어보며 고기를 뒤집어 준다.
7 불을 끄고 뚜껑을 닫은 채 5분 정도 둔다.
8 고기를 꺼내어 먹기 좋게 썰어준다.

새우젓 무침과 곁들여 먹으면 환상의 조합이 된다. 고기의 양에 따라 시간이 걸릴 수 있으니 중간중간 고기를 찔러 익힘 정도를 확인한다.

고기국수
Pork Noodle Soup

재료
돼지고기 수육, 수육 육수, 우동쯔유 (또는 멸치액젓, 국간장, 어간장, 소금 중 선택), 글루텐프리 쌀면(최겸 쌀면 추천)

고명 재료
지단용 계란, 당근채 볶음, 쪽파 다진 것 또는 애호박 볶음

고기국수는 깊고 진한 돼지고기 육수에 우동쯔유로 감칠맛을 살린 국수 요리이다. 육수에 녹아든 풍부한 지방, 젤라틴과 미네랄이 몸에 필요한 영양소를 제공하여 국물을 마시면 몸이 뜨뜻해진다. 글루텐프리 쌀면을 사용하기에 위장에 부담이 없고 먹고 나서도 소화가 편하며, 수육과 함께 먹으면 더욱 든든한 한 끼가 된다.

만드는 법

1. 돼지고기 수육을 만들면서 나온 육수에 필요한 만큼의 정수물을 넣고 우동쯔유, 국간장 또는 어간장, 소금 중 적절한 것을 넣어 간을 맞춘다.
2. 글루텐프리 쌀면을 끓는 물에 4분간 삶은 뒤 찬물에 헹궈준다.
3. 국수를 그릇에 담고 고명을 올린 뒤 육수를 부어 먹는다.

입맛 없을 때 뜨끈한 국물과 쫄깃한 면발이
환상의 궁합을 자아내는 고기국수.
간단하게 집에서 말아 먹을 수 있는 별미다.

명란 순두부
Pollock Roe Soft Tofu Stew

재료

순두부 또는 연두부 500g~900g, 백명란 100g, 멸치육수 600ml, 고춧가루 ½T, 새우젓(육젓 또는 추젓) ½T, 다진마늘 ½T, 다진 대파 3T

명란 순두부 찌개는 부드러운 순두부와 짭짤한 백명란의 감칠맛을 살린 찌개이다. 탄수화물을 줄이는 식단을 할 때는 두부를 충분히 넣으면 밥을 적게 먹어도 든든한 한 끼가 된다. 순두부가 부드러워서 소화가 쉽고 단백질을 공급할 수 있어 장기 단식 이후 보식 메뉴로도 좋다(이때는 위장을 자극할 수 있는 고춧가루나 마늘을 빼거나 줄이면 좋다).

만드는 법

1. 냄비에 멸치 육수(앞의 레시피 참조)를 붓는다.
2. 육수에 고춧가루, 새우젓, 다진 마늘, 백명란, 연두부를 모두 넣고 끓인다.
3. 중간에 대파를 넣고 한소끔 끓여내면 완성.

두부조림
Braised Tofu

재료
부침용 두부(찌개용도 가능), 엑스트라버진 아보카도 오일

양념장 재료
고춧가루 ½T, 다진 대파(매우 중요), 홍고추 1개, 진간장 3~4T, 액젓(어간장) 1T, 알룰로스 1~2.5T, 다진 마늘 1T, 다진 생강 1T, 들기름 1T, 통깨 1T

두부조림은 두부를 노릇하게 구워 고소한 맛을 끌어 올리고, 부드러운 속살에 양념을 입혀 조린 반찬이다. 고춧가루와 진간장, 액젓을 활용한 양념장은 짭조름하면서도 은은한 단맛과 매운맛이 조화를 이루며, 들기름과 통깨가 더해져 고소한 풍미가 살아난다. 조림 과정에서 양념이 배어 들어 별다른 반찬 없이도 밥과 함께 먹기 좋은 영양식이다.

만드는 법

1 양념장 재료를 모두 섞어 양념장을 만든다.
2 두부를 먹기 좋은 크기로 잘라준다.
3 달궈진 팬에 엑스트라버진 아보카도 오일을 두르고 두부를 노릇하게 굽는다.
4 맛있게 구워진 두부 위에 들기름을 얹는다.
5 두부 위에 양념장을 골고루 바르고 앞뒤로 뒤집으며 더 구워준다.

황태국
Dried Pollock Soup

황태국은 깊고 개운한 국물 맛이 특징인 한국의 대표적인 해장국이자 보양식이다. 황태채를 기름에 볶아 고소한 풍미를 더하고, 무와 함께 푹 끓여 시원하면서도 감칠맛이 살아 있는 국물이 매력적이다. 자극적인 재료 없이 부드럽고 따뜻하게 속을 편안하게 해주고, 풍부한 아미노산과 미네랄이 체내 수분 균형을 조절하여 단식 후 보식 메뉴로도 적절하다. 기호에 따라 계란을 풀어 더욱 부드럽게 즐길 수도 있다.

재료

황태채 100g, 멸치육수 2L, 들기름 4T, 간마늘 1T, 채썬 무 200g, 두부 반 모(200g), 새우젓 2T, 액젓 또는 어간장 1T, 다진 대파 3T

만드는 법

1 황태채를 전자렌지에 2분간 데워 잡내를 날리고, 황태채가 잠길 만큼 물을 붓고 뒤적이며 물을 먹인다.
2 불린 황태채의 물을 꼭 짠다.
3 달궈진 팬에 들기름을 두르고 황태채를 넣어 볶다가 무채를 함께 볶아준다(들기름에 볶는 것이 불편하면 엑스트라버진 아보카도 오일이나 엑스트라버진 올리브 오일 등으로 대체 가능).
4 냄비에 멸치육수 500ml를 넣고 끓인다.
5 물이 끓으면 육수 500ml를 추가로 붓는 과정을 3번 반복해서 총 2L의 육수를 넣어 끓인다.
6 마지막에 두부, 마늘, 어간장, 새우젓을 넣어 간을 맞춘다.
7 먹기 전 다진 대파를 넣고 불을 끈다. 기호에 맞게 마지막에 계란 푼 물을 넣어 익혀 먹기도 한다. 국물의 양을 늘리고 싶다면 정수물을 넣고 간을 더한다.

버섯 들깨탕
Mushroom Perilla Seed Soup

버섯 들깨탕은 고소한 들깨와 다양한 버섯의 풍미를 살린 보양식이다. 들기름에 버섯을 볶아 감칠맛을 끌어올리고, 멸치 육수와 액젓으로 간을 맞춰 구수하면서도 깊은 맛을 완성한다. 들깨가루와 찹쌀가루가 더해져 국물이 걸쭉하고 부드러우며, 대파의 은은한 단맛이 조화롭게 어우러진다. 들깨는 오메가3 지방산이 풍부해 심혈관 건강에 도움을 주며, 버섯은 식이섬유와 항산화 성분이 많아 면역력을 높이는 데 유익하다. 자극적인 재료가 없어 먹고 나서도 소화가 잘되고, 포만감이 좋아 밥을 많이 먹지 않고도 든든한 한 끼 식사가 된다.

재료

생표고버섯 4개(마른 표고를 사용할 경우 불려서 쓴다), 느타리 또는 만가닥 버섯 150g, 들기름 3T, 멸치육수 600ml(물로 대체 가능), 애리부억 멸치액젓 1T, 육젓 1T(추젓이나 멸치액젓으로 대체 가능), 들깨가루 6T, 찹쌀가루 수북하게 1T, 대파 ½대

만드는 법

1 생표고버섯을 사용할 경우 물로 씻지 않고 면포로만 깨끗이 닦는다. 나머지 버섯들은 먹기 좋은 크기로 찢어준다.
2 표고버섯을 채 썬다.
3 달군 냄비에 들기름과 모든 버섯을 넣어 볶다가 잠시 뚜껑을 덮어 들기름 거품이 일 때까지 익힌다.
4 뚜껑을 열고 멸치육수(물로 대체가능) 600ml를 넣는다.
5 육젓과 멸치액젓을 넣고 뚜껑을 닫고 다시 한소끔 끓인다.
6 끓는 육수에 어슷하게 썬 대파, 들깨가루, 찹쌀가루를 수북히 넣는다.
7 국물이 끓기 시작하면 불을 줄이고 2~3분 더 끓인다.

팽이버섯은 마뇌 볶으면 식감이 질겨지므로
나중에 넣어 잔열로 익히는 것이 좋다.

갈비탕
Galbitang

갈비탕은 푹 고아낸 소갈비와 깊고 맑은 국물이 조화를 이루는 보양식이다. 소갈비를 한 번 끓여 불순물을 제거한 뒤 무, 대파, 통마늘, 통후추와 함께 오랜 시간 우려내어 깔끔하면서도 깊은 감칠맛을 완성한다. 오랜 시간 끓이며 뽑아낸 콜라겐 단백질은 피부와 관절 건강에 유익하며, 지방이 풍부해 밥 없이 먹어도 포만감이 좋다. 기호에 따라 먹기 전에 알배추 잎과 같은 채소를 추가해서 살짝 익히면 더 재미있는 식감을 즐길 수 있다.

재료

소갈비(탕용) 2kg, 물 7~8L, 무 600g, 대파 1대, 통후추 1.5T, 통마늘 15알, 간장 3T

만드는 법

1. 갈비를 물에 담가 핏물을 빼준다.
2. 냄비에 물과 핏물을 뺀 갈비를 넣고 끓기 시작하면 5분간 더 끓이고 물을 버린다.
3. 갈비와 냄비를 깨끗이 씻고 다시 물을 채운다.
4. 육수용 대파와 무를 큼직하게 썬다.
5. 육수망에 통마늘과 후추를 넣고 이것을 대파와 함께 냄비에 넣어 강불에 끓인다.
6. 물이 끓기 시작하면 1시간 동안 더 끓인다. 이때 올라오는 거품을 걷어 내야 잡내가 없다.
7. 1시간이 지나면 중불로 불을 줄이고 육수망, 무, 대파를 건져 낸다. 이때 건져 낸 무는 나박나박 썰어서 준비해 두었다가 갈비탕을 먹을 때 조금씩 올려 낸다.
8. 냄비에 간장류(진간장, 국간장, 어간장, 참치액젓 중 택일)를 3T 넣고 30분 정도 더 끓인다. 취향에 따라 30분~60분 정도 더 끓이면 갈비의 식감이 더욱 부드러워진다.
9. 기호에 맞게 소금, 후추, 파를 넣어서 먹는다.

갈비찜
galbijjim

갈비찜은 소갈비를 부드럽게 익히며 양념을 더한 대표적인 한식 요리이다. 배와 양파를 갈아 만든 자연스러운 단맛의 양념이 고기에 깊이 스며들고 무, 당근, 표고버섯이 함께 조려지면서 풍성한 맛과 부드러운 식감을 더한다. 소갈비는 단백질과 철분이 풍부해 기력 회복에 도움을 주며, 배즙과 양파를 활용한 양념 덕분에 고기가 더욱 연하고 소화가 잘된다. 특별한 날은 물론, 든든한 한 끼 식사로도 훌륭한 보양식이다.

재료
소갈비 1.7~2kg, 무 500~700g, 당근 300~400g, 표고버섯 5~6개, 대파 1대

배즙 양념재료
배 반 개, 중간 크기 양파 1개

갈비 양념재료
물 1.5L, 진간장 150ml, 우동쯔유 2T, 알룰로스(분말 사용시 50g, 액체 사용 시 140ml), 간마늘 1T, 간생강 ½T, 건고추 2개, 후추 1t, 들기름 2t

만드는 법

1. 물에 씻은 갈비를 냄비에 넣고 끓인다. 물이 끓기 시작하면 5분간 더 끓인다.
2. 끓인 갈비를 물에 깨끗이 헹군다.
3. 무를 큼직하게 썬 뒤 채칼 또는 칼로 모서리를 둥글게 만든다. 당근도 무의 절반 크기로 썰어 모서리를 둥글게 만든다.
4. 표고버섯을 반으로 자르고 대파를 큼직하게 썬다.
5. 배와 양파를 물 500ml와 함께 믹서에 곱게 간다.
6. 믹서에 간 즙을 베보자기에 넣고 갈비찜 냄비에 꼭 짜준다.
7. 갈비찜 냄비에 물 1L를 추가하고, 남은 양념 재료 모두와 무를 넣고 중불에 끓인다.
8. 물이 끓기 시작하면 뚜껑을 닫고 40분간 끓인다.
9. 40분이 지나면 무를 건져 내고 당근과 표고버섯을 넣어 25~30분 정도 더 끓인다. 이때 냄비에 따라 끓이는 시간이 조금씩 다르니 맞춰 조리한다.
10. 대파를 넣고 약불에서 10분간 더 끓이면 완성.

잔치국수
Banquet Noodles

잔치국수는 간장류로만 간을 한 멸치육수에 면을 넣어 먹는 단순하지만 깔끔한 국수 요리이다. 멸치육수에 우동쯔유와 어간장으로 감칠맛을 더하고, 볶은 당근과 애호박, 부드러운 지단을 올려 자연스러운 단맛과 색감을 살린다. 글루텐프리 쌀면이나 두부면을 활용하면 글루텐 부담 없이 속이 편안하게 먹을 수 있으며, 기호에 따라 김가루나 고추를 더해도 좋다. 국물을 미리 만들어 놓고 언제든 면만 삶아 간단하게 먹을 수도 있다.

재료

쌀면 또는 두부면 100g(1인분), 멸치육수 1.5L, 소금 2t, 우동쯔유 3T, 어간장 1T, 당근 1개, 소금 ½T에 절인 애호박 1개, 지단용 달걀 2개, 엑스트라버진 아보카도 오일

만드는 법

1. 각자의 식단에 맞는 면을 삶아서 찬물에 헹궈둔다.
2. 채를 썬 애호박에 소금 ½T를 뿌리고 10분간 재운다.
3. 당근을 채 썬다.
4. 달걀로 지단을 부쳐 만들어 둔다.
5. 달궈진 팬에 엑스트라버진 아보카도 오일을 두르고 당근과 소금을 한 꼬집 넣어 볶는다.
6. 절여둔 애호박을 면보에 담아 물기를 짠다.
7. 물기를 짠 애호박을 엑스트라버진 아보카도 오일에 볶는다.
8. 멸치육수에 소금, 우동쯔유, 어간장을 넣고 끓인다.
9. 삶아 놓은 면을 토렴한 후 고명을 얹은 국수에 부어 먹는다.

비빔국수
Bibim-guksu

재료
김치 적당량, 쌀소면, (선택) 삶은 달걀, (선택) 오이

양념장 재료
고추장 1T, 고춧가루 1T, 식초(애플사이다 비네거) 3T, 진간장 1T, 알룰로스 2T, 들기름 1T, 간마늘 1t, 물 또는 멸치육수 3T, 통깨 1T

비빔국수는 매콤달콤한 양념에 탱글한 면을 비빈 국수 요리이다. 고추장 베이스의 양념에 식초와 들기름을 더해 새콤하고 고소한 풍미를 살리고, 김치를 더해 감칠맛과 아삭한 식감을 더한다. 쌀소면을 사용하면 글루텐 부담 없이 가볍게 즐길 수 있으며, 기호에 따라 깨소금이나 김가루를 추가하면 더욱 풍부한 맛을 낼 수 있다. 시원하게 비벼 먹으면 더운 날에도 입맛을 돋우는 한 끼 식사가 된다.

만드는 법

1. 김치의 물기를 짠다(이때 김치 양념을 털어낸 뒤 물기를 꼬옥 짜고 잘게 썰어 양념장과 버무려 놓으면 훨씬 맛있다).
2. 보울에 김치와 비빔 양념을 넣고 버무린다.
3. 쌀소면을 4분간 삶고 불을 끈 뒤 면을 찬물에 헹군다.
4. 탱글하게 식힌 소면에 만들어 둔 양념장을 넣고 버무린다.
5. 삶은 달걀이나 채 썬 오이를 고명으로 올린다.
6. 들기름과 통깨를 올려 먹기 좋게 완성한다.

육전
Korean Pan-fried Beef Pancake

육전은 얇게 저민 소고기를 양념한 뒤 전분을 묻혀 달걀물에 입혀 부드럽고 촉촉하게 부친 전 요리이다. 고기를 간장, 마늘, 생강즙, 들기름으로 밑간을 해서 감칠맛을 살리고, 타피오카 전분을 사용해 밀가루 없이 쫄깃한 식감을 더한다. 노릇하게 부쳐낸 육전은 단독으로 먹어도 맛있지만, 간장이나 양파채 무침과 함께 곁들이면 더욱 조화로운 맛을 즐길 수 있다. 전을 부칠 때 일반 식용유가 아닌 엑스트라버진 오일을 사용하면 먹고 나서도 속이 편안하다. 의외로 간단하지만 고급스러운 느낌이 나서 명절이나 특별한 날 외에도 일상에서 반찬으로 즐길 수 있다.

도구
고기 핏물을 빼는 해동지(추천: 참치 해동지)

재료
소고기 우둔살 또는 홍두깨살(육전용으로 썬 것 추천) 500g, 글루텐프리 타피오카 전분, 달걀 5~6개, 엑스트라버진 아보카도 오일

고기 양념
진간장 4T, 소금 ½t, 물 6T, 액상 알룰로스 2T, 간마늘 ½T, 생강즙 ½T, 들기름 2T, 후추 ½t

만드는 법

1 고기를 실온에 해동한 후 마른 행주, 키친타올 또는 참치 해동지로 꾹꾹 눌러 핏물을 제거해 준다.

2 고기 양념장을 만들어서 고기에 버무린다.

3 넓은 보울에 달걀물을 풀어서 준비한다.

4 비닐백에 타피오카 가루와 양념된 고기를 넣고 입구를 막은 뒤 잘 섞이게 흔들어 준다.

5 위의 과정을 3회 정도 반복한 뒤 가루를 뿌린 바트 위에 고기를 펴서 골고루 가루를 묻힌다.

6 고기를 달걀물에 버무린 뒤 엑스트라버진 아보카도 오일(또는 엑스트라버진 올리브 오일)을 두른 팬에 펼쳐서 노릇하게 굽는다.

동태전
Korean Pan-fried Pollock Pancake

동태전은 부드러운 동태포를 염지한 후 달걀물을 입혀 노릇하게 부쳐낸 전 요리이다. 동태포를 염지하는 과정을 통해 동태살이 쉽게 부서지지 않게 하고 쫀득한 식감을 살리는 것이 포인트다. 비닐백에 타피오카 가루와 동태포를 담고 봉투를 흔들면 빠르고 간편하게 타피오카 전분을 묻힐 수 있다.

재료
냉동 동태포 1kg, 글루텐프리 타피오카 전분(또는 쌀가루), 달걀 5~6개, 엑스트라버진 아보카도 오일

염지 양념
물 500ml, 소금 2T, 알룰로스 1T, 식초 ½T, 들기름 2T, 간마늘 1T, 생강즙 1T, 후추 1t

만드는 법

1. 염지 양념 재료를 모두 섞어 양념물을 만들어 둔다.
2. 냉동 상태의 동태포를 염지 양념물에 담그고 간이 밸 때까지(2~3시간 소요) 실온에 둔다(전날 냉장고에 하루동안 재워두어도 좋다).
3. 염지된 동태포를 망에 받쳐서 물기를 짠다.
4. 달걀물을 넓은 보울에 풀어 준비해 둔다.
5. 비닐백에 타피오카 가루와 동태포를 담고 봉투를 흔들어가며 골고루 가루를 묻힌다.
6. 타피오카 가루가 골고루 묻은 동태포를 달걀물에 버무린 뒤 엑스트라버진 아보카도 오일(또는 엑스트라버진 올리브 오일)을 두른 팬에 노릇노릇하게 구워준다.

애호박전
Korean Pan-fried Zucchini Pancakes

애호박전은 부드러운 소금에 살짝 절인 애호박을 타피오카 전분과 달걀물을 입혀 노릇하게 부쳐낸 요리이다. 애호박을 소금에 절이는 과정에서 탱글한 식감이 올라오고, 짭조름한 맛이 애호박의 은은한 단맛과 어울려 매력적이다. 엑스트라 버진 오일을 사용하여 먹고 나서도 속이 편하고 포만감이 오래 간다. 밥 반찬 뿐만 아니라 출출할 때 간식이나 메인 요리로 먹어도 손색이 없다.

재료

애호박 1개, 글루텐프리 타피오카 전분, 달걀 5~6개, 소금, 후추, 엑스트라버진 아보카도 오일

만드는 법

1 애호박 1개를 1cm 두께로 썰어 바트에 펼친다.
2 손에 소금과 후추를 찍어 썰어둔 애호박 표면에 잘 펴 바른다.
3 소금과 후추를 바른 애호박을 1시간 정도 절인다.
4 넓은 보울에 달걀물을 풀어서 준비한다.
5 비닐백에 타피오카 가루와 애호박을 넣고 입구를 막은 뒤 잘 섞이게 흔들어 준다.
6 위의 과정을 3회 정도 반복한 뒤 가루를 뿌린 바트 위에 애호박을 펴서 골고루 가루를 묻힌다.
7 애호박을 달걀물에 버무린 뒤 엑스트라버진 아보카도 오일 (또는 엑스트라버진 올리브 오일)을 두른 팬에 펼쳐서 노릇하게 굽는다.

야채 버섯전
Korean Pan-fried Vegetable and Mushroom Pancake

재료

쪽파 다짐 2컵(양은 기호에 맞게 조정 가능), 생표고 3~5개, 느타리 버섯 또는 팽이버섯 한 줌, 해산물(오징어/조갯살/홍합살/게살/동태포 중에서 선택), 달걀 2개, 와인(청주 또는 정종으로 대체 가능), 소금, 후추, 라드유(또는 엑스트라버진 오일)

야채 버섯전은 신선한 쪽파와 다양한 버섯을 달걀물에 적셔 부쳐낸 전 요리이다. 표고버섯과 느타리버섯이 가진 자연스러운 감칠맛에 해산물을 추가하면 더욱 깊은 풍미를 즐길 수 있다. 취향이나 냉장고 상황에 맞게 다양한 버섯이나 채소를 섞어서 응용할 수 있다.

만드는 법

1 쪽파, 표고버섯, 느타리버섯, 해산물을 모두 잘게 썰어 큰 보울에 섞어 놓는다.
2 썰어 놓은 재료들을 두 줌씩 작은 보울에 옮겨서 계란 2개, 와인, 소금, 약간의 후추를 넣고 수저로 저어 섞는다.
3 달군 프라이팬에 기름을 두르고 반죽된 야채를 한 숟가락씩 덜어 노릇하게 구워준다.

고등어 조림
Braised Mackerel

고등어 조림은 짭조름한 간고등어를 양파, 대파, 마늘, 생강과 함께 졸여 깊은 감칠맛을 살린 생선 조림이다. 쌀뜨물로 씻어 비린내를 제거한 후, 화이트 와인과 다시마물을 더해 깔끔하고 개운한 맛을 내는 것이 특징이다. 중약불에서 천천히 조리면 양념이 고등어 살 속까지 스며들어 부드럽고 촉촉한 식감을 즐길 수 있다.

재료

간고등어 2마리, 양파 큰 것 1개, 대파 1대, 간마늘 2T, 간 생강 1T, 화이트 와인 2T, 고춧가루 ½T, 홍고추 또는 청양고추 1개, 소금 1T, 후추 약간, 다시마물 또는 정수 200ml

만드는 법

1. 고등어를 쌀뜨물로 깨끗이 씻어 비린내를 제거한다.
2. 고등어의 머리와 지느러미를 자르고 반토막을 낸다.
3. 양파 1개를 채 썰고 2/3 정도를 냄비 바닥에 깐다.
4. 양파 위에 고등어를 살 안쪽이 위를 향하도록 펼쳐 놓는다.
5. 고등어 위에 간 마늘, 간 생강, 고춧가루, 화이트와인, 소금, 후추를 골고루 얹고 남은 양파와 대파, 홍고추를 올린다.
6. 다시마물을 냄비 가장자리에 두르고 뚜껑을 덮은 채 중불 또는 중약불로 조린다.
7. 중간중간 뚜껑을 열어 국물을 끼얹으며 20분 정도 더 조린다.

소꼬리 수육
Braised Oxtail

소꼬리 수육은 향신료를 통해 잡내를 잡고, 압력솥을 이용해 부드럽게 삶아낸 소꼬리를 양념장과 함께 즐기는 보양식이다. 지질과 콜라겐이 풍부해 관절 건강과 피부 탄력 유지에 도움을 주며 소화관을 치유하는 갭스(GAPS) 식단의 메뉴로도 적절하다. 양념장에 부추와 배추를 버무려 함께 곁들이면 기름진 맛을 잡아주고, 재미있는 식감을 느낄 수 있다.

재료
소꼬리 2kg(엉덩이 반골뼈가 섞이지 않은 알꼬리로만), 부추 1단, 알배추 1개

향신료
통마늘 10알, 통후추 1T, 월계수잎 2장, 대파 1대, 된장 1T, 건고추 2개

수육 양념장
고기육수 150ml(꼬리 삶은 물), 진간장 5T, 우동쯔유 1T(진간장 2T로 대체 가능), 식초 2T, 알룰로스 2T, 고운 고춧가루 1.5T, 들기름 2T, 간마늘 1T

만드는 법

1. 소꼬리를 물에 담가 두고, 물을 여러 번 갈아 핏물을 제거한다.
2. 끓는 물에 소꼬리를 넣고 5분간 끓인 후 내용물을 꺼낸 뒤 솥을 깨끗이 헹군다.
3. 인스턴트 팟이나 압력솥에 물 1.3L와 향신료 재료를 넣고 '찜기능'에 맞춰 1시간 동안 찐다.
4. 수육 양념장 재료 중 고기육수 150ml를 제외한 모든 재료를 섞어 양념장을 만들어 둔다.
5. 알배추를 먹기 좋게 세로로 자르고 깨끗이 손질된 부추도 3~4cm 길이로 자른다.
6. 1시간이 지나면 인스턴트 팟의 김을 뺀다.
7. 알배추를 소꼬리찜이 담긴 냄비에 넣어 뜨거운 고기육수로 숨을 죽인 후 건져낸다. 이때 고기 육수는 양념장에 사용하므로 버리지 않도록 주의한다.
8. 양념장에 고기육수 150ml를 넣은 뒤 숨이 죽은 부추와 알배추의 반을 넣고 섞는다.
9. 소꼬리가 뜨거울 때 꺼내어 큰 그릇에 담고 그 위에 양념장에 버무린 부추와 알배추를 얹는다.

소꼬리가 식으면 기름이 금방 엉기므로 상차림 시 고기와 채소를 조금씩 추가하며 먹는걸 추천한다. 혹은 전골냄비에 넣고 은은하게 데워가며 먹어도 좋다.

마녀 수프
Witch Soup

재료

소고기 양지 800~1000g, 소기름(두태기름)100~150g, 버터 100g, 토마토 3~4개(생략 가능), 홀토마토 3컵, 토마토 페이스트 3T, 양파 2~3개(500~600g), 당근 1개, 샐러리 2대, 양배추 400~500g, 월계수잎 2장, 후추, 화이트와인 1컵, 다진마늘 1T, 다진생강 1T, 카레가루 2T, 훈제 파프리카 가루 1T(생략가능), 코코넛밀크 1컵, 물 1컵, 천일염 2T

마녀수프는 소고기 양지, 버터, 그리고 두태기름을 함께 볶아 고소한 풍미를 내고, 다양한 채소를 넣고 뭉근히 끓인 토마토 수프이다. 고기와 기름을 볶은 다음 나머지 재료를 모두 넣고 푹 끓이면 되기 때문에 만드는 방식이 간단하다. 인스턴트팟으로 조리하면 시간을 단축할 수 있고, 일반 냄비로 오랜 시간 천천히 끓이면 국물에 우러난 맛이 한층 풍부해진다. 지방이 풍부해 포만감이 좋고 몸을 따뜻하게 해주며, 여유 있을 때 한번에 많이 만들어 두고 얼려뒀다가 필요할 때 꺼내 먹으면 좋다.

만드는 법

1. 소고기, 소기름(두태기름), 버터를 냄비에 넣고 볶는다(인스턴트팟의 경우 볶음 기능으로 먼저 5분간 조리하는 것이 좋다).
2. 나머지 모든 재료들을 냄비에 넣고 뭉근해질 때까지 끓인다. 인스턴트팟에 끓일 경우 '만능조리' 기능으로 기호에 따라 20~30분 조리하고, 일반 냄비에 끓일 경우 40~60분 이상 뭉근히 끓인다.

어머니의 추억이 담긴 와인 삼겹살
Wine-marinated Pork Belly

와인삼겹살은 와인의 풍미가 삼겹살에 스며들어 깊고 풍부한 감칠맛을 느낄 수 있는 요리이다. 육질이 부드럽고 촉촉하며, 잡내 없이 깔끔한 맛이 매력적이다. 오이, 양파, 부추 같은 신선한 채소가 느끼함을 잡아주고 아삭한 식감을 더한다. 의외로 조리 과정이 복잡하지 않아 바쁜 날에도 부담 없이 시도하기 좋고, 특별한 날 손님 접대용으로도 훌륭하다.

재료
덩어리 삼겹살 1.2kg, 채 썬 양파 1개, 부추 한 줌, 오이 2개, 엑스트라 버진 아보카도 오일

양념 재료
레드와인 200ml, 진간장 100ml, 알룰로스 100ml, 다시물 또는 정수물 200ml, 통후추 1T, 팔각(스타아니스) 2개

만드는 법

1 달군 팬에 엑스트라버진 아보카도 오일을 두르고 삼겹살의 겉면을 굽는다.
2 양념 재료들을 모두 냄비에 넣고 강불에 10분간 익혀준다.
3 10분이 지나면 중약불에 30~40분간 익힌다. 중간중간에 고기가 익었는지 찔러서 확인한다.
4 불을 끄고 10분간 여열로 익힌다.
  (인스턴트팟에 조리할 경우 기름을 두르고 고기를 볶은 다음 양념 재료들을 넣고 10분 동안 압력으로 조리한다.)
5 고기를 건져낸 후 체망으로 소스의 건더기를 걸러낸다.
6 오이는 동그랗게 썰고, 양파는 채 썰고, 부추는 길쭉하게 썬다.
7 고기를 적당한 크기로 썰고 채소 위에 얹은 뒤 건더기를 거른 소스를 끼얹어 먹는다.

엄마. 그곳은 어때요? 여전히 밝게 잘 지내시리라 믿어요.

엄마. 제가 책을 쓰게 됐네요. 엄마가 이 책을 보셨으면 무슨 말을 해주실지, 얼마나 기뻐해 주실지 알 것 같아요. 엄마가 이 책에 나온 사진 하나하나를 얼마나 정성스럽게 보셨을까요?

예전에 송 서방과 여행에서 찍은 사진을 현상해서 엄마께 보여드리면, 엄마는 한 장 한 장 꼼꼼히 정성껏 보시며 너무 즐거워하셨어요. 사진 속에 보이는 제 모습이 고생스러워 보이지 않아 참 좋았나 봐요. 제가 늘 주방에서 고생한다고 생각해서였겠죠.

엄마를 뵈러 갈 때마다 제 구부러진 손가락을 보시던 표정도 생각나요. 입 밖으로 아무 내색도 하지 않으셔서 그땐 몰랐어요. 어느 날 영석이의 손가락 관절이 빨갛게 부풀어 있는걸 보고 가슴 한켠이 미어졌어요. 저도 엄마께 배운 대로 아무 내색도 하지 않았지만. 그때 명확히 알게 됐어요. 저를 보내고 혼자 한참을 맘 아파 우셨을 거라는 걸요.

항상 부지런하게 움직이시고 몸 관리하시는 엄마가 참 부러웠어요. 어느 날 제가 물었죠. "엄마처럼 이렇게 날씬하면 몇 킬로인 거예요…?" 측은하고 짠한 표정으로 저를 보던 엄마가 생각나요. 제가 요즘 경진이를 보면서 그 심정이 어떤지를 너무 잘 알 것 같아요. 대신 해줄 수 없는 안타까운 마음.

그때 엄마가 드렸을 간절했던 기도가 세월이 흘러 이루어진 것 같아요. 저도 많이 건강해졌구요. 이제는 다른 사람도 건강해질 수 있도록 돕고 싶은 사람이 되었어요.

집밥 상담소 촬영을 하면서 저도 모르게 자꾸 엄마 얘기를 하게 되어요. 엄마는 항상 무슨 일이든 심각하지 않게 웃어 넘기며 말씀하셨죠. "애리야, 별거 아녀… 다 지나가." 살면서 엄마한테 무심히 들었던 이야기들이 제 가슴 속

이 와인 삼겹살 레시피는
애리님의 어머니께서 전해주신 것이다.
그래서 애리님께 어머님의 사진과
어머님께 전하고 싶은 말씀이 있다면
전해달라고 부탁드렸다.
(겸)

깊이 박혀 있더군요. 그리고 그것들이 매 순간 놀라운 일을 해요.

엄마가 살아온 삶을 제가 다 헤아릴 순 없을 거예요. 하지만 엄마. 집밥 유튜브를 통해서 사람들과 이야기를 나누면서 엄마가 살아온 삶에 대한 해석을 다시 하는 것 같아 기뻐요.

엊그제 경진이가 우리 집에 왔다가 주방에 서 있는 저를 보고 너무 할머니하고 똑같다고 깜짝 놀랐어요. 저도 엄마와 같은 모습으로 늙어가나 봐요. 그게 정말 기뻐요. 그래요, 엄마. 떠나가신 엄마의 삶에 새로운 의미를 부여하는 것 이상으로 제 하루하루의 삶을 값진 의미로 살게요.

엄마. 그곳에서도 저를 도와주세요. 원도 한도 없이 충분히 사랑하고 살다가, 떳떳하게 엄마 뵈러 갈게요.

저의 영웅. 엄마. 신세 많이 졌습니다. 사랑합니다.

영원한 엄마의 딸. 애리가

바싹 닭목살 볶음
Stir-fried Crispy Chicken Necks

바싹 닭목살 볶음은 쫄깃한 닭목살을 양념에 재운 뒤 바싹하게 볶아내는 요리이다. 닭목살 특유의 식감과 매콤달콤한 양념이 조화롭게 어우러져, 제육볶음을 좋아하는 사람들에겐 또 다른 매력의 별미이다.

재료

닭목살 1kg, 청양고추 3개, 썬 쪽파 두 줌, 진간장 2T, 알룰로스 2T, 화이트와인 2T, 간마늘 2T, 고춧가루 4T, 고추장 4T, 생강즙 1T, 들기름 3T, 후추 약간, 홍새우젓(북새우젓) 2T, 통깨 약간

만드는 법

1. 닭목살을 흐르는 물에 씻고 반으로 자른다.
2. 닭목살의 물기를 뺀다.
3. 청양고추 3개를 취향껏 어슷 썰고 쪽파를 다져서 두 줌 분량으로 만든다.
4. 보울에 진간장 2T, 알룰로스 2T, 화이트와인 2T를 넣는다.
5. 보울에 고춧가루 4T, 고추장 4T, 생강즙 1T, 간마늘 2T를 넣는다.
6. 보울에 들기름 3T, 후추 약간, 홍새우젓 2T를 넣는다.
7. 여기에 닭목살을 넣고 맛있게 버무린다.
8. 기름을 두르지 않은 팬 두 개를 데우고 양념된 닭목살을 절반씩 넣는다.
9. 강불에 볶기 시작하다가 약불로 줄이면서 천천히 수분을 날리며 졸인다.
10. 국물이 졸아들면 한 팬으로 합쳐서 더 볶는다.
11. 불을 끄고 청양고추와 다진 쪽파 두 줌을 넣고 섞은 후 통깨를 뿌려서 마무리 한다.

코다리 조림
Braised Semi-dried Pollock

코다리는 완전히 마른 북어보다 부드러운 식감을 가지고 있어 조림으로 만들었을 때 속까지 양념이 잘 배어 감칠맛이 뛰어나다. 짭조름하면서도 달짝지근한 양념이 밥과 잘 어울려 '밥도둑' 반찬으로 인기가 많으며, 입맛이 없을 때도 매콤하고 시원한 맛 덕분에 밥 한 공기를 금세 비울 수 있다.

재료
코다리 1코(약 3~4마리, 950g 정도), 대파 3대, 엑스트라버진 아보카도 오일 4T, 소금 1T

양념장 재료
물 300ml, 진간장 4T, 멸치액젓 2T, 고운 고춧가루 1.5T, 알룰로스 3T, 간마늘 1T, 간생강 ½t, 후추 약간

만드는 법

1. 코다리 1kg의 지느러미를 잘라내고 가볍게 씻은 뒤 물기를 뺀다.
2. 코다리를 먹기 좋은 크기로 듬성듬성 자른다.
3. 작은 그릇에 양념장 재료를 섞어 만들어 둔다.
4. 양념이 잘 배도록 대파를 길죽하게 잘라 둔다.
5. 달군 웍에 엑스트라버진 아보카도 오일을 두르고 소금 ½t 와 대파를 볶아 파 향을 낸 뒤 파는 건져둔다.
6. 엑스트라버진 아보카도 오일을 더 두르고 코다리를 넣어 소금 ½t 로 간을 하며 골고루 익힌다.
7. 코다리가 앞뒤로 노릇해지면 대파를 넣고 함께 굽는다.
8. 소스를 웍에 붓고 국물이 졸아들 때까지 중불에서 은근하게 졸인다. 이때 양념이 골고루 묻도록 국물을 끼얹으며 조리해주면 좋다.

웍의 모양에 따라 물이 급하게 줄아들면
코다리가 탈 수 있으니 물을 넉넉히 넣어준다.

동그랑땡
Korean Pan-fried Meatballs

동그랑땡은 돼지 다짐육에 두부와 여러 채소를 섞어 동글납작하게 빚어낸 뒤 고소하게 지져 먹는 전통적인 한식 메뉴이다. 간마늘, 간생강, 청주 등을 활용해 고기의 잡내를 잡으면서 감칠맛을 끌어내고, 파프리카나 청양고추 같은 재료를 추가하면 색감과 매콤함을 동시에 즐길 수 있다. 라드나 아보카도 오일 같은 기름을 사용해 구우면 깔끔하면서도 포만감이 좋으며, 쪄서 냉동 보관했다가 필요할 때만 데우면 간편하게 먹을 수 있다는 점도 매력적이다.

재료
돼지 다짐육 500~600g

고기 양념
간마늘 2T, 간생강 2T, 어간장 또는 진간장 3T, 청주 2T(또는 와인), 소금 1t, 들기름 2T, 라드 2T, 당근 반 개, 양파 1개, 쪽파 2컵, 두부 1모(400~500g), (선택) 청양고추 2~3개, (선택) 파프리카 등의 채소

만드는 법

1. 키친타월로 다짐육 500g 의 핏물을 미리 빼둔다.
2. 두부 1모의 물기를 꼭 짜둔다.
3. 양파, 당근, 쪽파를 잘게 썬다.
4. 고기를 보울에 담고 고기 양념 재료를 넣고 치댄다.
5. 양념된 고기에 미리 준비해둔 채소와 두부를 섞어준다.
6. 반죽을 동그랗고 납작하게 빚는다.
7. 찜기에서 증기가 오르면 반죽된 동그랑땡을 넣고 7분 후 건져 식힌다. 이 상태에서 냉동보관도 가능하다.
8. 달궈진 프라이팬에 라드유(또는 엑스트라버진 아보카도 오일이나 엑스트라버진 올리브 오일)를 두르고 노릇하게 구워주면 완성.

라구
Ragù

라구는 이탈리아의 전통적인 고기 소스로, 다진 고기와 토마토, 와인, 양파, 마늘, 허브 등을 넣고 오랜 시간 천천히 끓여 깊고 풍부한 풍미를 내는 요리이다. 양파, 당근, 샐러리를 갈색빛이 나도록 볶아 단맛을 끌어올린 뒤 고기를 넣어 함께 익히면, 재료들의 맛이 하나로 어우러지면서 깊은 감칠맛이 올라온다. 오랜 시간 푹 끓일수록 재료들이 천천히 녹아들어 풍미가 진해지므로, 주말 저녁처럼 여유로운 시간에 만들어두면 식탁이 한층 풍성해진다.

재료

소고기 양지 800~1000g, 다진 양파 150g, 당근 80g, 샐러리 80g, 홀 토마토(캔) 3컵, 토마토 페이스트 3T, 버터 2T, 간마늘 1T, 소금 ½t, 파르마지아노 치즈 100g, 코코넛 밀크 2컵, 잡내를 날려줄 술(화이트 와인, 청주, 소주 등) 2컵, 월계수잎 2장, (선택) 로즈마리 한 꼬집, (선택) 타임 한 꼬집, 후추 2t, 소금 ½t, 알룰로스 3T

만드는 법

1. 다진양파 150g, 당근 80g, 샐러리 80g을 준비한다.
2. 달궈진 냄비에 버터를 넣고 양파를 볶는다.
3. 양파가 갈색빛을 띠면 당근과 샐러리를 넣고 볶는다.
4. 간마늘 1T를 넣고 볶다가 준비해둔 양지를 함께 넣고 볶는다.
5. 고기가 익어갈 때 즈음 로즈마리와 타임을 넣는다.
6. 월계수잎 2장, 후추 2t, 소금 ½t, 알룰로스 3T를 넣는다.
7. 잡내를 날려줄 술(화이트 와인, 청주, 소주 등)을 넣고 3분간 끓인다.
8. 홀 토마토와 토마토 페이스트를 넣고 푹 끓인다.
9. 코코넛 밀크를 넣고 약한 불에서 저어가며 더 끓여준다.
10. 취향에 맞게 원하는 질감이 나올 때까지 끓여지면 완성.

생선탕
Fish Soup

생선탕은 신선한 생선을 푹 끓여 뼈까지 부드럽게 갈아낸 후, 향신채와 된장, 들깨가루 등을 더해 깊은 감칠맛을 살린 영양 가득한 국물 요리이다. 월계수잎과 후추를 넣어 생선의 잡내를 잡으며, 생선을 곱게 갈아 수프처럼 부드럽다. 속을 편안하게 해주는 따뜻한 국물 요리로, 장 치유를 위한 갭스(GAPS) 식단 메뉴로도 좋다.

도구
고온고압 조리가 가능한 쿠커나 압력밥솥, 핸드 블렌더

재료
손질된 생선(열기 추천)2마리, 잎채소(배추, 우거지, 말린 시래기, 절인 배추 등) 2줌, 월계수잎 두 장, 통후추 1T, 샐러리 ½대, 후추 약간

만드는 법

1 손질한 생선을 대강 잘라서 인스턴트팟에 넣는다.
2 향신채(월계수잎, 통후추, 샐러리 등)를 스탠 체망에 담아 냄비에 넣는다.
3 30분 가량 푹 끓여준다.
4 부드러워진 생선을 핸드 블렌더 또는 믹서로 뼈까지 곱게 갈아준다.
5 기호에 맞는 잎채소를 넣고 조금 더 끓인다.
6 된장, 마늘, 생강, 들깨가루 등의 조미료와 부추, 깻잎 등을 기호에 맞게 넣어서 완성한다.

구운 채소 샐러드
Grilled Vegetable Salad

재료

당근 반 개, 돼지호박(주키니 호박) 반 개, 가지 1개, 단호박 반 개, 표고버섯 5~6개, 새송이 버섯 2개, 대하 10미, (선택) 파프리카 1개/방울 양배추/아스파라거스/그린빈/콩 등 취향에 맞는 채소, (선택) 갑오징어 또는 전복이나 닭고기, 버터 20g, 엑스트라버진 올리브 오일, 소금, 후추 약간, 이탈리안 시즈닝, 바질페스토 200g

냄비와 오븐을 사용하며 만드는 법

1. 채소를 깨끗이 씻어둔다.
2. 새우의 머리와 다리를 잘라내고 배쪽에 칼집을 내어 손질한 뒤 깨끗이 씻어 물기를 빼둔다.
3. 야채는 조리과정에서 형태가 뭉개질 수 있으므로 약간 큼지막하게 썰어둔다.
4. 갑오징어에 칼집을 깊게 넣어 손질한 뒤 씻는다.
5. 썰어 놓은 채소에 엑스트라버진 올리브 오일, 소금, 후추, 이탈리안 시즈닝을 뿌리고 마리네이드 한다. 이때 단단한 호박과 당근은 따로 구워야 해서 따로 마리네이드 하는 게 좋다.
6. 달궈진 팬에 엑스트라버진 아보카도 오일을 두르고 단호박과 당근을 굽는다. 오븐에 조리할 예정이므로 약간 덜 익게 굽는 것이 좋다.
7. 180도로 예열한 오븐에 마리네이드 한 호박과 가지를 넣고 굽는다. 호박과 가지는 쉽게 물러지는 채소이므로 냄비에 굽는 과정을 생략하고 바로 오븐에서 익힌다.
8. 구워진 단호박과 당근을 건져서 식혀둔다.
9. 마리네이드 한 표고버섯, 새송이, 파프리카를 똑같은 방식으로 굽는다.
10. 구워진 채소와 버섯을 오븐에 있는 가지, 돼지호박과 같이 섞어서 굽는다.

구운 채소 샐러드는 다양한 채소, 버섯, 그리고 해산물을 올리브오일과 향신료에 버무려 구워 채소의 풍미를 최대한으로 끌어 올린 뒤 바질 페스토로 마무리한 이국적인 샐러드다. 도시락 메뉴로도 좋고, 자칫 심심할 수 있는 고기 요리의 사이드 메뉴로도 잘 어울리며, 손님을 초대했을 때 메뉴로 내놓아도 근사하다.

11 채소를 굽던 냄비에 버터 20g 정도를 넣는다.

12 냄비에 새우를 넣고 뒤집으며 소금과 후추를 한 꼬집 뿌리고 새우가 분홍색으로 될 때까지 굽는다.

13 새우를 건져 내고 썰어 놓았던 갑오징어(또는 전복)에 소금을 뿌려 굽는다.

14 (선택) 여열이 남은 냄비에 버터를 두르고 발라 놓은 닭고기나 냉동채소 등을 추가로 넣은 뒤 바질페스토와 함께 버무려 볶는다(바질페스토를 볶지 않고 마지막에 버무려서 먹어도 좋다).

15 지금까지 냄비와 오븐에서 구운 모든 재료를 섞으면 완성.

냄비만 사용하며 만드는 법

1 채소를 깨끗이 씻어둔다.
2 새우의 머리와 다리를 잘라내고 배쪽에 칼집을 내어 손질한 뒤 깨끗이 씻어 물기를 빼둔다.
3 야채는 조리과정에서 형태가 뭉개질 수 있으므로 약간 큼지막하게 썰어둔다.
4 갑오징어에 칼집을 깊게 넣어 손질한 뒤 씻는다.
5 썰어놓은 채소에 엑스트라버진 올리브 오일, 소금, 후추, 이탈리안 시즈닝을 뿌리고 마리네이드 한다. 이때 단단한 호박과 당근은 따로 구워야해서 따로 마리네이드 하는게 좋다.
6 달궈진 팬에 엑스트라버진 아보카도 오일을 두르고 단호박과 당근을 굽는다. 이때 다른 팬에서 나머지 채소도 동시에 볶는다.
7 약불에 뚜껑을 닫고 굽다가 중간중간 뚜껑에 맺힌 이슬을 닦아 버린다.
8 냄비에 구워진 단호박과 당근을 건져 식혀 두고 마리네이드 한 표고버섯, 새송이, 파프리카, 가지, 돼지호박을 똑같은 방식으로 굽는다. 이때 쉽게 물러지는 가지와 돼지호박은 나중에 넣어 굽는다.
9 채소가 익으면 모두 건져낸다.
10 채소를 굽던 냄비에 버터를 넣고 새우를 앞뒤로 뒤집으며 굽는다. 소금과 후추를 한 꼬집씩 뿌리며 새우가 분홍색이 될 때까지 노릇하게 굽는다.
11 새우를 건져내고 썰어 놓았던 갑오징어 또는 전복을 소금, 후추로 간을 하며 굽는다.
12 (선택) 여열이 남은 냄비에 버터를 두르고 손질한 닭고기나 냉동 채소 등을 추가로 넣어 볶는다. 바질페스토는 볶지 않고 나중에 곁들여 먹어도 좋다.
13 지금까지 구운 모든 재료를 섞으면 완성.

스지 수육
Beef Tendon Boiled Slices

스지수육은 소의 힘줄(스지)과 아롱사태를 푹 삶아 쫄깃하고 부드러운 식감을 살린 수육 요리이다. 월계수잎, 통후추, 대파, 양파 등을 넣어 오랜 시간 끓여 잡내를 없애고, 깊고 맑은 감칠맛을 내는 것이 특징이다. 완성된 스지는 부추와 양파를 곁들여 간장소스에 버무려 감칠맛을 극대화하거나, 따뜻한 국물과 함께 곁들여 즐길 수 있다. 스지에 콜라겐이 풍부해 피부 탄력과 관절 건강에 도움을 주며, 오랜 시간 삶아낸 육수는 젤라틴과 미네랄이 풍부해 소화기 건강과 면역력 강화에도 유익하다.

재료
스지, (선택) 아롱사태, 월계수잎 2~3장, 통후추 20알, 양파 반 개, 대파 1대, (선택) 샐러리 1줌, (선택) 어간장

만드는 법

1 넉넉히 물을 담은 냄비에 스지를 넣는다.
2 월계수잎과 통후추를 스텐망에 담아 넣는다.
3 손질한 샐러리, 대파, 양파를 넣는다.
4 스지는 2~3시간, 아롱사태는 1시간 반~2시간 동안 푹 끓인다.
5 중간에 거품을 걷어주고 고기가 부드러워지면 꺼낸다. 이때 고기 국물은 버리지 않고 냉동해 두었다가 다양한 요리에 활용하면 좋다.
6 부추와 양파를 썰고 고기와 함께 간장 소스에 버무린다.

호박 새우젓 볶음
Stir-fried Zucchini with Fermented Shrimp

호박 새우젓 볶음은 부드러운 노지호박과 새우젓의 짭조름한 감칠맛이 조화를 이루는 담백한 볶음 요리이다. 호박과 양파를 새우젓에 절이는 과정에서 수분이 적당히 빠져 쉽게 부서지지 않고, 새우젓과 마늘의 감칠맛이 깊이 배어 더욱 풍부한 맛을 낸다. 밥과 함께 반찬으로 먹어도 좋고, 마지막에 들기름을 두르거나 따뜻할 때 버터를 넣어 녹이면 든든한 메인 메뉴로도 손색 없다.

재료

노지호박 2개, 양파 1개, 새우젓 2T, 간마늘 2T, 대파 1대, 홍고추 1개, 통깨, 냉압착 들기름, 엑스트라버진 아보카도 오일

만드는 법

1. 하루 전날 호박과 양파를 썰어 새우젓과 마늘에 버무려 재워 둔다. 이렇게 하면 재워 둔 호박과 양파에서 수분이 빠져나와 쉽게 부서지지 않고 간이 잘 배어 더 맛있다.
2. 달궈진 웍에 엑스트라버진 아보카도 오일을 두르고 채 썰어 둔 대파를 볶는다.
3. 준비해 둔 호박과 홍고추를 넣고 골고루 섞어준 후 잠시 뚜껑을 덮어 익힌다.
4. 중간에 골고루 뒤집어 주며 익히다가 호박이 투명해지면 불을 끄고 통깨와 들기름을 두른다.

닭볶음탕
Spicy Braised Chicken Stew

닭볶음탕은 고춧가루, 고추장, 굴소스, 카레가루를 활용하여 감칠맛이 가득한 양념이 닭고기와 채소에 깊이 배어 풍부한 맛을 내는 찜 요리이다. 여기에 토마토를 넣으면 이국적이면서도 자연스러운 감칠맛을 극대화할 수 있다. 따뜻한 밥과 함께 먹으면 든든한 한 끼 식사가 된다.

도구
고온고압조리 팟(없을 경우 냄비로 가능)

재료
닭 1~1.4kg, 무 300~400g, 당근 ½개, 양파 1개, 데쳐서 껍질을 벗긴 토마토 1개(생략 가능), 대파 1대, 감자 작은 것 2개, 멸치 육수(또는 정수) 1컵

양념 재료
고춧가루 2T, 고추장 3T, 알룰로스 2T, 간장 3T, 간마늘 2T, 굴소스 2T, 카레가루 1T, 간생강 1T, 들기름 2T, 후추 약간

만드는 법

1. 보울에 고춧가루 2T, 고추장 3T, 알룰로스 2T, 간장 3T, 간마늘 2T, 간생강 1T, 굴소스 2T, 카레가루 1T, 들기름 2T, 후추 약간을 넣고 섞어준다.
2. 닭 1kg을 깨끗이 씻는다.
3. 무, 당근, 감자의 껍질을 벗기면서 모서리를 둥글게 깎아준다.
4. 무 400g, 당근 반 개, 감자 3개, 양파 1개, 생닭 1kg을 팟 또는 냄비에 넣는다.
5. 만들어둔 양념장 중 245g을 팟에 넣고 골고루 섞는다.
6. 멸치 육수(없으면 생수로 대체 가능) 200ml를 넣는다.
7. 찜 기능으로 20분간 조리한다. 일반 냄비에 조리할 경우 고온으로 가열하다가 물이 끓으면 불을 줄이고 오래 끓여낸다.
8. 20분이 지나면 김을 빼고 대파와 데쳐서 껍질을 벗긴 토마토를 넣고 볶음 기능으로 7분간 가열한다. 일반 냄비에 조리할 경우 조리시간을 40~60분 더 늘리고 물 또는 육수를 200ml가 아니라 400ml를 넣는다.

절임배추 소고기 볶음
Stir-fried Beef with Pickled Napa Cabbage

절임배추 소고기 볶음은 소금에 절여 감칠맛이 배어난 배추와 오이를 소고기와 함께 볶아 고소하고 담백한 맛을 살린 요리이다. 밑간한 소고기를 먼저 볶아 깊은 풍미를 더하고, 수분이 빠지면서 아삭한 식감이 더욱 살아있는 절인 채소가 어우러져 감칠맛을 극대화한다. 절인 배추와 오이는 식이섬유와 유산균이 풍부해 장 건강에 도움을 주며, 소고기는 단백질과 철분이 많아 근육 회복과 혈액 순환을 촉진한다. 따뜻한 밥에 반찬으로 먹어도 좋고, 마지막에 생들기름을 충분히 둘러 메인 요리로 먹어도 좋다.

재료

절임배추 두 줌, 오이절임(오이3개), 불고기용 소고기 200g, 알룰로스 취향껏, 참깨, 생들기름, 엑스트라버진 아보카도 오일(또는 엑스트라버진 올리브 오일), 소금, 후추, 간장

생들기름은 조리 마지막 과정에 사용하면 영양 손실이 적다.

만드는 법

1. 배추와 오이를 미리 3일 이상 소금물에 절여둔다. (물 300~400ml에 소금 12g 비율)
2. 절여둔 채소를 면보에 싸서 물기를 꼬옥 짜준다.
3. 불고기용 고기에 소금과 후추, 간장, 알룰로스를 조금 넣어 밑간을 해준다.
4. 팬에 엑스트라버진 아보카도 오일을 두르고 고기를 먼저 볶아준다.
5. 준비해 둔 채소를 넣고 볶아준다.
6. 불을 끄고 깨와 생들기름을 둘러주면 완성.

삶에서 쓸데없는 경험은 없어.
일이든 사람이든 상황이든 결국
내 안에 달린 문제야.
내가 어떤 상태로 존재하고,
어떻게 바라보느냐.

우리는 다 나이를 먹고 언젠가 죽게 돼. 젊을 땐 이 모든 것에 끝이 없을
것 같이 느껴지지만 그건 사실이 아니지.

죽기 전에 이루거나 경험하고 싶은 일이 있으신가요?

     난 지금 경험하고 있는 것 이거 이상은 없다고 생각해. 아쉬움이 없을 것 같아. 지금 살고 있는 방식이 좋아…
   일단 건강하잖아. 내가 오늘 하루를, 내가 한 음식으로 먹을 수 있고, 내 발로 걸을 수 있고, 건강한 배변도 하고, 아침에 개운하게 자는 법도 알고. 그렇게 나를 운용할 수 있는 이 상태가 다인 것 같아.
   그리고 더 나아가서는 이게 남에게 영향을 미쳐서 그 사람에게 확장되고. 이렇게 말하니까 무슨 도덕 교과서에 나오는 말 같은데, 그게 다인 것 같아ㅎㅎ
   그리고 집밥 챌린지는 꼭 하자 겸아. 이 요리책을 가지고 사람들이 진짜 해보고 싶게… 전국팔도를 돌아다니면서 오프라인에서 사람들을 만나고 이런 저런 클래스나 모임을 해보는 거야. 아직 구체적으로 어떤 형태가 될지는 모르겠지만 한번 잘 기획해서 나를 써봐 주셔.

네, 그것도 참 귀한 일이 될 것 같아요. 한번 잘 기획해 볼게요. 마지막으로 이 책을 읽게 될 독자들에게 전하고 싶은 메시지는 무엇인가요?

     이 책이 한 권 더 사고 싶어지는 책이 되길 바라. 내 손에서 부엌에서 계속 만져지는 책이 되기를. 그래서 책에 기름이 묻고, 물에 젖어서 읽기 힘들어질 만큼 울퉁불퉁해지고. 그래서 다시 소장용으로 한 권을 더 사고 싶어지는 상황이 오길.
   나는 그래서 옷도 진짜 마음에 들면 2벌씩 사. 그럼 하나를 자유롭게 입을 수 있게 되거든. 옷이 해질까봐 걱정하지 않고 입을 수 있잖아. 어떨 땐 다른 한 벌을 누군가에게 선물하기도 하지. 진짜 임자를 찾아주는 거야. 그게 참 큰 기쁨이야. 돈이 비싸고 안 비싸고를 떠나서.

아무튼 이 책이 레시피뿐 아니라 실제로 부엌에서, 식탁에서 늘 만져지는 책이 되었으면 좋겠어.

이 책이 부엌에서, 식탁에서 늘 만져지는
책이 되었으면 좋겠어.
책에 기름이 묻고, 물에 젖어서
읽기 힘들어질 만큼 울퉁불퉁해지길 바라.

다음의 레시피 요약북을
필요에 맞게 사용하세요.

레몬 큐브

재료 레몬(원하는 만큼)

① 과채류 전용 세제 또는 베이킹 소다를 푼 물에 레몬을 10분 정도 담갔다가 꺼내어 씻는다. 이어서 냄비에 물을 끓인 후 레몬을 5~10초 정도 데쳤다가 씻는다. ② 레몬을 잘라 씨를 발라낸 후 믹서에 갈기 좋게 잘게 썰어준다. ③ 믹서로 아주 곱게 (크리미하게) 간다. ④ 간 레몬을 큰 비닐에 펴서 깔아준 후 랩으로 덮고 얼린다. ⑤ 얼린 레몬은 썰어서 통에 담고 냉동 보관한다. ⑥ 레몬 큐브를 사용하기 전에 미리 해동해 두면 좋다.

봄동 된장무침

재료 봄동 2다발(700g) **양념장 재료** 된장 2T(된장의 염도에 따라 조정), 멸치다시마 육수 3T, 대파 흰 부분 ½대 다진 것, 간마늘 ⅓T, 고춧가루 ½T, 알룰로스 ½T, 어간장(또는 참치액젓) 1T, 들기름 2T, 통깨 2T

① 봄동을 먹기 좋게 손질하고 물에 담가 깨끗이 씻는다. ② 냄비에 물과 소금을 넣고 끓어오르면 봄동을 넣고 30초 정도 뒤적이며 데친다. ③ 데친 봄동을 찬물에 헹군 후 먹기 좋게 잘라 물기를 꽉 짠다. ④ 크기가 넉넉한 보울에 봄동을 담고 양념장에 골고루 버무려 먹는다.

봄동 샐러드

추천 도구 야채 탈수기, 레몬 스퀴저(핸드 스퀴저 또는 자동 스퀴저) **메인 재료** 봄동 2다발(700g), 생아몬드(또는 호두) 한 줌 **소스 재료** 엑스트라버진 올리브 오일 100ml, 홀그레인 머스터드 2T, (선택)꿀 1T(액상 알룰로스로 대체 가능), 알룰로스 ½T, 즉석에서 다진 마늘 3알, 착즙한 레몬즙 60ml(작은 레몬 2개 분량), 소금 ½t, 후추 약간

① 아몬드를 끓는 물에 데치거나 삶은 뒤 껍질을 벗겨둔다. ② 고소한 맛을 원한다면 아몬드를 팬이나 에어프라이어에 살짝 굽는 것도 좋다. ③ 신선한 봄동 밑둥을 싹둑 잘라내고 물기를 최대한 제거한다. (야채 탈수기 활용 추천) ④ 큰 보울에 손질한 봄동과 소스를 버무려가며 양과 간을 맞춘다. ⑤ 준비한 견과류(살짝 부셔 넣으면 샐러드 채소와 잘 어우러져 좋다)를 섞어 샐러드를 완성한다.

콩나물 볶음

재료 콩나물 600g, 대파 1대, 엑스트라버진 아보카도 오일 2T, 간마늘 1T, 진간장 2T, 소금 조금, 후추 조금, 통깨 1T, 들기름 1T

① 달군 팬에 엑스트라버진 아보카도 오일 2T, 간마늘 1T, 손질한 대파를 넣고 지글지글 볶는다. ② 콩나물과 간장 2T를 넣고 뒤집어 가며 볶는다. ③ 소금과 후추를 약간 넣고 섞어준 뒤 잠시 뚜껑을 덮는다. ④ 적당한 질감이 나오면 넓게 펼쳐주고 통깨 1T와 들기름 1T를 넣어 섞어준다.

오이 부추 무침

메인 재료 백오이 2개, 부추 한 줌, 양파 ½개 **양념 재료** 멸치액젓(또는 어간장)2T, 다진마늘 1.5T, 고춧가루 3T, 고추장 1T, 알룰로스 2T, 식초 1T, 들기름 2T, 깨소금 1T

① 오이는 반으로 가른 뒤 어슷하게 썰어준다. ② 오이에 소금 1T를 뿌리고 10분간 절인다. ③ 절인 오이를 찬물에 헹군 뒤 면보로 물기를 짜준다. ④ 양파 ½개를 채 썰고 부추는 5cm 간격으로 썬다. ⑤ 절인 오이를 먼저 양념에 버무린 후 부추와 양파를 넣고 함께 버무려 준다.

멸치육수

재료 다시멸치 50g(내장을 발라내고 몸통과 머리를 함께 사용한다), 말린 표고버섯 4~5개, 다시마 10g, 정수물 2L

① 내장을 발라 놓은 멸치를 머리와 함께 전자렌지에 2~3분간 데운다(이때 구운 생선 냄새가 고소하게 난다). ② 데운 멸치를 정수물에 담근다. ③ 표고와 다시마를 깨끗한 젖은 행주로 닦은 뒤 정수물이 담긴 냄비에 담궈 4시간 이상 불린다 (여름에는 상하지 않도록 냉장보관해 불리도록 한다). ④ 냄비 그대로 불에 올려 끓기 시작하면 20~25분 후 불을 끈다. ⑤ 모든 재료를 체망에 깔끔하게 걸러준다.

깻잎순 볶음

재료 깻잎순 400g, 대파 1대, 바지락살100g, 엑스트라버진 아보카도 오일 1T, 간마늘 1T, 진간장 1T, 소금 조금, 들깨 가루 3T, 들기름 2T

① 엑스트라버진 아보카도 오일 1T에 간마늘 1T, 손질한 대파를 넣고 볶는다. ② 볶은 기름에 바지락살을 넣고 볶다가 마지막에 깻잎순을 함께 볶아준다. ③ 간장을 한 바퀴 두르고 뚜껑을 덮는다. ④ 양념이 잘 섞이게 중간중간 휘휘 뒤적여 준다. ⑤ 소금 두 꼬집, 들깨가루 3T를 넣고 볶는다. ⑥ 깻잎순의 질감이 나오면 들기름 2T를 넣고 섞어 완성한다.

당근 라페

도구 채칼, 베보자기 **재료** 당근 약 700g, 소금 10g **소스** 레몬즙 3T, 애플 사이다 식초 3T, 홀그레인 머스타드 3T, 엑스트라버진 올리브 오일 6T, 알룰로스 5T(액상 기준)

① 채칼로 당근을 먹기 좋게 썬다. ② 채 썬 당근에 소금 10g을 뿌리고 20분간 절여준다. ③ 당근이 절여지는 동안 레시피대로 소스를 만들어 둔다. ④ 간이 잘 배인 당근을 베보자기에 넣어 물기를 꼬옥 짠다. ⑤ 당근에 소스를 먹기 좋게 잘 버무려 준다.

세발나물 겉절이

재료 세발나물 200g, 양파 ½개 채 썬 것 **양념 재료** 고춧가루 2T, 어간장(또는 멸치액젓) 2T, 다진마늘 ½T, 알룰로스 2T, 식초 2T, 냉압착 들기름 2T, 통깨 2T

① 먼저 세발나물의 억센 줄기를 잘라 손질한다. ② 손질된 세발나물을 씻은 뒤 야채 탈수기 등을 이용해 물기를 제거해 준다. ③ 큰 보울에 세발나물과 채 썬 양파를 담고 양념재료를 고춧가루, 어간장, 마늘, 알룰로스, 식초, 들기름 순서로 넣어 버무린다. ④ 마지막에 통깨를 뿌려주면 완성.

돼지고기 김치솥밥

재료 돼지고기 300g(취향에 맞는 부위), 익은 배추김치 600g, 무나물 볶은 것 1컵(없으면 생략 가능. 집밥 클래스 25화 참고), 버터 50g(취향에 따라 가감), 쌀 1.5컵, 정수물 1컵(무나물을 넣지 않는다면 물의 양을 1.5컵으로 한다)

① 씻은 쌀을 30분 정도 물에 불려둔다. ② 돼지고기와 김치를 먹기 좋게 썰어둔다. ③ 냄비에 버터를 두르고 돼지고기와 김치를 볶는다. ④ 볶은 돼지고기와 김치를 냄비에서 꺼낸다. ⑤ 냄비에 불린 쌀과 물, 무나물, 그리고 볶아둔 돼지고기와 김치를 넣고 중강불에 10분간 끓인다(밑이 타서 들러붙지 않도록 저어준다). ⑥ 불을 약불로 줄인 후 15분간 끓이고 나서 불을 끄고 10분간 뜸을 들인다. ⑦ 뜸이 들면 뚜껑을 열고 골고루 섞어준다.

세발나물 무침

재료 세발나물 200g **양념 재료** 다진 마늘 ½T, 어간장(또는 멸치액젓) 1T, 들기름 1T, 들깨가루(또는 간 참깨) 2T

① 세발나물의 줄기를 손질하여 깨끗이 씻는다. ② 냄비에 물 1L와 소금 1T를 넣고 끓인다. ③ 물이 끓으면 세발나물을 넣고 2~3회 저어준 뒤 꺼낸다. ④ 세발나물의 물기를 최대한 짠 다음 먹기 좋게 칼로 2~3등분 한다. ⑤ 보울에 세발나물과 양념을 넣어 손으로 뭉치지 않게 골고루 버무려 주면 완성.

채소찜

도구 일반 냄비나 찜기 **재료** 비트/무/당근/마/우엉/연근 중 원하는 것, 양배추/배추/시금치 중 원하는 것, 브로콜리/컬리플라워/가지 중 원하는 것, 그 외 자신의 식단에 맞는 신선한 채소, 엑스트라버진 올리브 오일, 무설탕 발사믹 식초

① 냄비에 찜기를 놓고 약불에 오랜 시간 찐다(전기 찜기를 이용하면 타이머 기능을 쓰면 좋다). ② 딱딱한 채소는 1시간 정도, 그 외의 채소는 각각의 질감에 맞게 짧게 찌고 꺼낸다. ③ 따뜻하게 쪄낸 채소찜에 엑스트라버진 올리브 오일을 지나치다 싶을 정도로 듬뿍 뿌린다. ④ 발사믹 식초를 적당량 뿌리고(엑스트라버진 올리브 오일의 ⅓정도) 소금이나 후추를 기호에 맞게 뿌린다. ⑤ 레몬을 통으로 갈아 만든 레몬 큐브가 있다면 한 조각 넣어주면 더욱 맛있게 먹을 수 있다.

감동란

재료 좋은 달걀, 소금

① 달걀을 미리 상온에 둔다. ② 달걀을 절일 물을 한번 끓인 뒤 소금 25~30g(물1L기준)을 넣고 천천히 식히며, 유리 용기도 열탕 소독해서 식혀 둔다. ③ 찜기를 불에 올리고 물이 끓으면 달걀을 넣고 7분~7분 30초간(상온 달걀 기준 7분) 찐다. ④ 차가운 물에 달걀을 충분히 식힌 뒤 껍질을 깐다. ⑤ 열탕 소독해 식혀둔 유리 용기에 소금물과 함께 담궈 냉장고에 두고 먹는다. 절인 물의 농도가 충분할 경우 냉장보관 시 2주까지 먹을 수 있다.

버섯 솥밥

재료 생표고 5개, 소고기 양지 간 것 100g, 멸치액젓 1T, 팽이버섯 1개(느타리 또는 다른 버섯도 가능), 버터 20g, 멸치액젓 ½T(까나리 액젓으로 대체 가능), 쪽파 다진 것 60g, 찬 밥(즉석밥으로 대체 가능) 300g, 멸치육수 2T(생수로 대체 가능)

① 소고기 양지 간 것을 미리 멸치액젓 1T에 버무려 둔다. ② 달군 솥에 버터와 액젓에 버무린 소고기를 넣어 볶는다. ③ 채 썬 생표고와 느타리버섯 또는 팽이버섯을 찢어 넣고 다시 볶는다. ④ 멸치육수와 찬 밥을 넣은 후 뚜껑을 닫고 약 5분간 약불에 졸인다. ⑤ 멸치액젓 ½T를 넣고 익어가는 밥과 재료를 골고루 섞은 후 쪽파 다진 것을 넣는다. ⑥ 잠시 뚜껑을 덮어 뜸을 들인다. ⑦ 뜸이 들면 밥에 참기름 1T, 깨소금 1T를 넣고 잘 저어 완성한다.

알배추 절임

재료 배추, 오이, 소금

① 배추와 오이를 깨끗하게 손질해 둔다. ② 물 300~400ml에 소금 12g의 비율로 소금물을 만들며, 배추와 오이의 양에 따라 소금물의 양을 늘린다. ③ 만들어둔 소금물에 배추와 먹기 좋게 자른 오이를 담가 절여둔다. ④ 소금물의 양은 알배추가 모두 잠길 정도로 조절해주며, 알배추를 최소 3일 이상 절인다.

꽈리고추 멸치 볶음

재료 볶음용 멸치 100g, 편으로 썰어낸 알마늘 10알, 3~4토막으로 자른 꽈리고추 10개, 슬라이스로 썬 홍고추 1개, 엑스트라버진 아보카도 오일 7T, 화이트와인 1T, 진간장 1T, 생강즙 1t, 알룰로스 3T, 통깨 1T, 들기름 1T

① 통마늘을 편으로 썬다. ② 멸치를 전자렌지에 2분간 돌린 후 식혀 둔다. ③ 달군 프라이팬에 엑스트라버진 아보카도 오일을 넣고 편 썰어둔 마늘을 노릇하게 굽는다. ④ 마늘이 노릇해지면 프라이팬에 멸치 100g을 넣고 약불에 볶는다(마늘을 빼두었다가 멸치를 볶고 나중에 넣어도 된다). ⑤ 기호에 따라 화이트 와인을 둘러 향을 날린다. ⑥ 진간장 1T를 두르고 꽈리고추, 알룰로스, 취향에 따라 홍고추를 넣어 섞는다. ⑦ 멸치에 간이 충분히 배었을 즈음(약 5분 소요) 들기름과 통깨를 뿌리고 넓게 펼쳐 식힌다.

아보카도 마요네즈

도구 핸드 블렌더 **재료** 상온에 둔 달걀 2개(약 110g), 엑스트라버진 아보카도 오일 200ml, 소금 2꼬집, 식초 1T(또는 레몬큐브 20g), 홀그레인 머스터드 1t

① 달걀은 차갑지 않게 상온에 둔다. ② 모든 재료를 입구가 좁은 용기에 넣고 핸드 블렌더로 꾹 누른 채 섞는다. ③ 이때 핸드 블렌더가 움직이지 않도록 주의한다. ④ 어느 정도 질감이 나오면 살짝 움직여 재료들을 골고루 섞어주고 마무리한다.

아보카도 오일 마요네즈 실패하지 않는 법
① 향긋한 엑스트라버진 아보카도오일을 고른다. ② 신선한 달걀을 고른다(노른자와 흰자가 탱글탱글한 것). ③ 모든 재료를 미리 상온에 놓아둔다.

가지 꽈리고추 찜

도구 찜기 **재료** 가지 400g(2~3개), 꽈리고추 50~100g, 습식 찹쌀가루(또는 감자전분) 2T, (선택) 날콩가루 또는 아몬드 가루 1T **양념장 재료** 고춧가루 ½T, 진간장 3~4T (약간 심심한 정도의 간이므로 기호에 맞게 간장을 추가해도 좋다), 액젓 또는 어간장 1T, 알룰로스 1~2.5T, 다진마늘 1T, 다진생강 또는 생강즙 1t, 홍고추 1개, 통깨 1T, 냉압착 들기름 1T

① 양념장 재료를 모두 섞어둔다. ② 가지를 가로로 3등분 한 뒤, 길쭉하게 반으로 가르고 다시 길쭉하게 3~4등분 한다. ③ 꽈리고추는 꼭지를 따고 큰 것은 반으로 자른다. ④ 큰 보울에 가지와 꽈리고추를 넣고 찹쌀가루와 아몬드가루를 넣어준다. 이때 고추와 가지에 약간의 물기가 있어야 찹쌀가루가 잘 붙는다. ⑤ 찜솥에 소금 한 꼬집을 넣고 김이 오르면 버무려 놓은 꽈리고추와 가지를 넣고 5분간 찐다. ⑥ 보울에 찐 야채를 쏟은 뒤 양념장을 붓는다. ⑦ 알뜰주걱으로 골고루 섞은 후 넓은 바트에 펼쳐 식히면 완성.

아보카도 마요네즈 활용 소스 3가지

참깨 드레싱
재료 아보카도 마요네즈 2T, 참깨 간 것 2T, 검은깨 간 것 2T, 양파 다진 것 2T, 알룰로스 1.5t(취향에 맞게 선택 가능), 식초 1t, 진간장 1T, 냉압착들기름 1T, 레몬즙(또는 식초) 1T

렌치 드레싱
재료 아보카도 마요네즈 100g, 무설탕 플레인 요거트 100g, 이태리 파슬리 1T(다진 것), 생잎 딜 1T(다진 것), 다진 마늘 1알, 다진 양파 1T, 홀그레인 머스타드 1T, 레몬즙 또는 식초 2T, 후추 약간

아이올리 드레싱
재료 아보카도 마요네즈 150g, 무설탕 플레인 요거트 100g, 알룰로스 15g, 생잎 딜 10~20g, 다진마늘 15g

연근 샐러드

재료 통연근 1~2개, 참깨 드레싱 **참깨 드레싱 재료** 아보카도 마요네즈 4T, 다진 양파 4T, 간장 2T, 식초 2t, 알룰로스 3t(취향에 맞게 소금 ½t 조절), 레몬즙 1T, 냉압착 생들기름 2T, 간 참깨 4T, 간 검은깨 4T

① 연근을 깨끗하게 손질한다. ② 끓는 물에 소금 1T, 식초 1T를 넣고 연근을 7분 30초간(취향에 맞게 조절) 데친다. ③ 간이 밴 연근을 찬물에 담가 식힌다. ④ 연근의 물기를 닦아 제거한다. ⑤ 식힌 연근에 참깨 드레싱을 섞어 버무려 먹는다.

토마토 마리네이드

재료 완숙 방울토마토 또는 대저토마토 500~600g, 양파 반 개, 엑스트라버진 올리브 오일 60ml, 레몬즙 20ml, 발사믹식초 20ml, 소금 5g, 알룰로스 1T, 바질잎 약간(혹은 파슬리가루 또는 바질페스토 1T)

① 토마토를 씻은 다음 꼭지를 떼어낸다. ② 토마토 꼭지가 있던 위치에 십자 칼집을 낸다. ③ 토마토를 끓는 물에 3분 정도 데친 후 찬물에 식힌다. ④ 식은 토마토의 껍질을 벗긴다. ⑤ 양파 반 개를 잘게 잘라 다진다. ⑥ 바질을 잘게 썰거나 취향에 맞게 찢어 넣는다. ⑦ 토마토를 제외한 모든 재료를 섞는다. ⑧ 깨끗하게 손질한 토마토와 나머지 재료들을 섞어 먹기 좋게 버무린다.

달걀찜

도구 달걀찜기, 찜기 냄비 **재료** 달걀 3개, 멸치 또는 다시마육수 200ml, 잘게 썰어둔 명란 1알(약 37g), 우동쯔유 1t(없으면 새우젓으로 대체 가능), 새우젓 1t

① 달걀 3개(날달걀 기준 150g)와 다시마 표고물 200ml를 보울에 넣는다. ② 우동쯔유 1t와 새우젓 1t를 보울에 넣는다. ③ 거품이 너무 일지 않도록 주의하며 달걀물을 섞는다. ④ 잘 섞은 달걀물을 체에 곱게 걸러내고 명란을 칼로 잘게 썰어준다. ⑤ 걸러낸 달걀물에 명란을 넣는다. ⑥ 달걀물을 뚜껑이 있는 그릇에 나눠 담고 찜기에 넣어 강불에 2분간 찐다(겉면을 익히기 위함). ⑦ 약불로 줄여서 10분 더 찐다.

깻잎찜

재료 깻잎 200g **양념장 재료** 다진대파 (또는 쪽파나 실파) 200g, 홍고추 또는 청양고추 2개 다진 것, 다진마늘 30g(2T), 생강즙 1t, 고춧가루 20g(2T), 통깨 20g(2T), 진간장 100ml(또는 진간장 60ml와 어간장 30ml 섞은 것으로 대체 가능), 들기름 45ml(3T), 물 또는 다시마물 50ml, 알룰로스 3T

① 여러 장의 깻잎의 꼭지를 잡고 탈탈 털어 이물질을 제거한다. ② 넉넉한 용기에 물을 채우고, 식초 1~2T와 깻잎을 넣어서 10분간 재운다. ③ 깻잎을 물로 깨끗하게 헹군 뒤 물기를 최대한 제거한다. ④ 양념장 재료를 모두 섞어 만들어 둔다. ⑤ 섞어 놓은 양념장을 깻잎 3장마다 바르면서 켜켜이 쌓아 올려 넓은 그릇에 담는다. ⑥ 찜기의 물이 끓으면 양념해 둔 깻잎을 담은 그릇을 찜기에 통째로 넣고 5분간 찐다. ⑦ 중간에 깻잎을 한번 뒤집어 골고루 익히면 완성.

달걀말이

도구 계란말이 팬, 고무주걱 **재료** 달걀 5개, 다진대파 또는 쪽파 3T, 청양고추 또는 홍고추 다진 것 1T (생략가능), 날치알 40~50g, 모짜렐라 치즈 2T, 화이트 와인 2T, 소금 1t, 다시마물 또는 생수 5T(달걀 1개당 물 1T), (선택) 애호박, 부추, 청양고추, 대파 등 기호에 맞는 재료 추가

① 달걀, 날치알, 멸치 다시마 육수, 화이트 와인을 넣고 섞어준다. ② 달군 팬에 엑스트라버진 아보카도 오일(엑스트라버진 올리브 오일로 대체 가능)을 두르고 달걀물을 조금 붓는다. ③ 중약불로 서서히 구우면서 익을 때마다 조금씩 말아준다. ④ 끝까지 말아지면 달걀물을 추가로 붓고 덩어리를 살짝 들어 그 밑으로 달걀물이 흘러 들어가게 해준다. ⑤ 사각팬의 테두리와 고무주걱을 활용해서 모양을 잡아주면서 총 3번에 걸쳐 말아준다.

달걀 샐러드

도구 포테이토 매셔 **재료** 달걀 10개(약 600g), 오이 100g (중간 크기 반 개 정도), 양파 70g(중간 크기 반 개 정도), 소금 ½t **샐러드 소스** 아보카도 마요네즈 180g, 분말 알룰로스 2T(반드시 분말을 사용한다), 소금 ⅓t, 후추 약간(생략 가능)

① 달걀 10개 정도를 완숙으로 삶은 뒤(끓는 물에 12분) 찬물에 담가 식힌다. ② 오이와 양파를 채칼로 잘게 썰고 소금에 10분간 절인다. ③ 삶은 달걀의 껍질을 벗기고 포테이토 매셔로 잘 으깨준다. ④ 절여진 오이와 양파를 베보자기에 넣고 물기를 꼬옥 짜준다. ⑤ 으깬 달걀에 오이와 양파를 넣고 샐러드 소스에 버무린다.

매생이 굴국

재료 다시마 손바닥 크기 2장, 물 2L, 매생이 700g, 굴 400g, 대파 흰 부분 2대, 다진마늘 2T, 어간장(또는 국간장이나 액젓) 2~3T(기호에 맞게 가감), 냉압착 생들기름, 엑스트라버진 아보카도 오일

① 키친타월로 깨끗이 닦은 다시마 2장을 물에 4시간 이상 불린다(여름엔 냉장고에 넣어 불린다). ② 다시마 불린 물을 15분간 팔팔 끓인다. ③ 굴을 소금물에 살살 비벼 씻고 한번 더 흐르는 물에 헹궈서 체로 물기를 뺀다. ④ 소금물에 매생이를 풀어가며 씻고 두 번 더 헹궈서 물기를 뺀다. ⑤ 달군 팬에 엑스트라버진 아보카도 오일을 두르고 굴이 부서지지 않게 살짝(비린내만 날리는 정도) 익힌다. ⑥ 냄비에 엑스트라버진 아보카도 오일을 두르고 미리 준비해 둔 파와 마늘을 살짝 볶은 후 끓여둔 다시마 물을 넣는다. ⑦ 매생이와 굴을 넣고 굴이 익을 정도로만 살짝 끓인다. ⑧ 어간장, 국간장 또는 액젓을 2~3T 넣고 불을 끈다. 이때 오래 끓이면 매생이가 풀어지므로 주의한다. ⑨ 생들기름을 적당히 둘러 마무리 한다.

가지 솥밥

재료 가지 큰 것 3~4개, 대파 3~4대, 소고기(양지) 300g (또는 다진 소고기나 돼지고기 목살), 쌀 2컵, 멸치 다시물 또는 정수물 280ml, 우동쯔유 2T, 굴소스 1T, 진간장 2T, 엑스트라 버진 아보카도 오일 **고기 밑간 재료** 간장 2T, 레드와인(또는 화이트와인) 2T, 마늘 1T, 후추 약간

① 쌀을 씻은 뒤 30분 이상 물에 불린다. ② 고기 300g에 밑간 양념을 넣고 버무린다. ③ 대파를 어슷 썰고, 가지는 반으로 갈라 어슷 썬다. ④ 밥을 지을 냄비나 팬을 달군 뒤 아보카도유 4T를 두르고 대파를 볶은 뒤 빼서 식혀둔다. ⑤ 밑간해 둔 고기를 냄비에 넣고 볶다가 굴소스, 간장, 우동쯔유를 넣고 더 볶은 뒤 빼서 식혀둔다. ⑥ 손질한 가지를 넣고 투명해질 때까지 볶은 뒤 빼둔다. ⑦ 불려둔 쌀의 물기를 뺀다. ⑧ 냄비에 쌀을 담고, 멸치육수 280ml를 넣는다. ⑨ 쌀 위에 볶은 대파, 고기, 가지를 올린다. ⑩ 뚜껑을 덮고 8~10분간 강불에서 끓이며 중간중간 뚜껑을 열어 저어준다. ⑪ 약불로 줄이고 뚜껑을 덮은 채 10~15분간 끓인 뒤, 불을 끄고 10분간 뜸을 들인다.

소고기 미역국

도구 이 레시피에는 2개의 냄비가 필요 **재료** 불린 상태의 미역 800g(염장미역 177g 또는 건미역 80g 불리기), 소고기 양지 또는 사태 300g, 소기름 100g, 국간장 2T(조선간장은 염도가 높기에 처음엔 1T만 넣고 국이 완성된 후에 추가하며 간을 맞춘다), 어간장 3T(액젓으로 대체 가능), 다시마 1장(약 10g), 양파 1개, 들기름 2T, 정수물 3L

① 소고기를 먹기 좋게 썰어둔다. ② 미역을 불린 후 먹기 좋게 썰어둔다. ③ 육수 냄비에 소고기와 다시마를 넣고 30분간 불린다. ④ 30분간 불린 소고기와 다시마를 끓인다. ⑤ 육수가 끓기 시작한 시점부터 5분간 더 끓인 후 다시마는 건져내고 떠오르는 거품을 걷어낸다. ⑥ 미역국 냄비를 달군 후 소기름과 미역을 넣고 2-3분간 잘 볶는다. ⑦ 미역을 볶은 냄비에 물을 붓고 미역이 풀어지도록 10분정도 끓인다. ⑧ 미역이 어느 정도 끓으면 통양파와 물을 추가하고 강불에 끓인다. ⑨ 국간장과 어간장을 넣어 간을 맞춘다. ⑩ 육수 냄비에서 고기를 건져 미역국 냄비에 넣는다. ⑪ 육수 냄비의 끓인 육수를 미역국 냄비에 붓고 중약불에서 30분 정도 더 끓인다. ⑫ 양파를 건져 버리고 들기름을 뿌리면 완성.

돼지고기 새우젓 두부찌개

재료 돼지고기 400g(기름기가 있는 목살, 삼겹살, 또는 앞다리살), 양파 중간 크기 1개(200g~250g), 두부 400~500g(찌개용, 부침용 모두 가능), 엑스트라 버진 아보카도 오일, 굴소스 ½T, 고춧가루 3T, 간마늘 1T, 생강즙 1t, 애리부엌 까나리액젓 1T, 새우젓 2T, 연두 1T, 대파 2대, 물 700~800ml(두부 양에 따라 조절)

① 양파를 채썬다. ② 냄비에 엑스트라버진 아보카도 오일 또는 라드유를 1~2T 두른다. ③ 1cm 정도로 얇게 썬 돼지고기에 굴소스를 둘러 겉면을 익힌 후 굴소스 향이 날아가면 손질한 양파를 넣고 볶는다. ④ 고춧가루, 간 마늘, 생강즙, 까나리액젓, 연두를 넣고 더 볶는다. ⑤ 고기가 익고 양파가 투명해지면 물 700~800ml를 붓는다. ⑥ 두부와 새우젓을 넣는다. ⑦ 물이 팔팔 끓기 시작하면 채 썬 대파를 넣고 불을 줄여 10분이상 뭉근하게 끓인다.

고기국수

재료 돼지고기 수육, 수육 육수, 우동쯔유 (또는 멸치액젓, 국간장, 어간장, 소금 중 선택), 글루텐프리 쌀면 (최겸 쌀면 추천) **고명 재료** 지단용 계란, 당근채 볶음, 쪽파 다진 것 또는 애호박 볶음

① 돼지고기 수육을 만들면서 나온 육수에 필요한 만큼의 정수물을 넣고 우동쯔유, 국간장 또는 어간장, 소금 중 적절한 것을 넣어 간을 맞춘다. ② 글루텐프리 쌀면을 끓는 물에 4분간 삶은 뒤 찬물에 헹궈준다. ③ 국수를 그릇에 담고 고명을 올린 뒤 육수를 부어 먹는다.

돼지고기 수육

재료 돼지 앞다리살, 삼겹살, 또는 목삼겹 1kg(껍질이 붙어 있는 것 추천), 사과 중간 크기 1개(200g), 양파 중간 크기 1개(200g), 새우젓(추젓) 2T, 물 200ml

① 양파는 0.5cm 두께로, 사과는 0.3cm 두께로 썬다. ② 고기를 2~3등분으로 자르고, 새우젓을 골고루 뿌린다. ③ 양파를 냄비 밑에 깔고 그 위에 새우젓을 뿌린 고기를 얹는다. ④ 고기 위에 사과를 올리고 물을 붓는다. ⑤ 냄비를 강불에 올리고 물이 끓기 시작하면 뚜껑을 덮고 중불에서 50분 가량 더 끓인다. ⑥ 중간에 열어보며 고기를 뒤집어 준다. ⑦ 불을 끄고 뚜껑을 닫은 채 5분 정도 둔다. ⑧ 고기를 꺼내어 먹기 좋게 썰어준다.

명란 순두부

재료 순두부 또는 연두부 500g~900g, 백명란 100g, 멸치육수 600ml, 고춧가루 ½T, 새우젓(육젓 또는 추젓) ½T, 다진마늘 ½T, 다진 대파 3T

① 냄비에 멸치 육수(앞의 레시피 참조)를 붓는다. ② 육수에 고춧가루, 새우젓, 다진 마늘, 백명란, 연두부를 모두 넣고 끓인다. ③ 중간에 대파를 넣고 한소끔 끓여내면 완성.

두부조림

재료 부침용 두부(찌개용도 가능), 엑스트라버진 아보카도 오일 **양념장 재료** 고춧가루 ½T, 다진 대파(매우 중요), 홍고추 1개, 진간장 3~4T, 액젓(어간장) 1T, 알룰로스 1~2.5T, 다진마늘 1T, 다진 생강 1T, 들기름 1T, 통깨 1T

① 양념장 재료를 모두 섞어 양념장을 만든다. ② 두부를 먹기 좋은 크기로 잘라준다. ③ 달궈진 팬에 엑스트라버진 아보카도 오일을 두르고 두부를 노릇하게 굽는다. ④ 맛있게 구워진 두부 위에 들기름을 얹는다. ⑤ 두부 위에 양념장을 골고루 바르고 앞뒤로 뒤집으며 더 구워준다.

버섯 들깨탕

재료 생표고버섯 4개(마른 표고를 사용할 경우 불려서 쓴다), 느타리 또는 만가닥 버섯 150g, 들기름 3T, 멸치육수 600ml(물로 대체 가능), 아리부엌 멸치액젓 1T, 육젓 1T(추젓이나 멸치액젓으로 대체 가능), 들깨가루 6T, 찹쌀가루 수북하게 1T, 대파 ½대

① 생표고버섯을 사용할 경우 물로 씻지 않고 면포로만 깨끗이 닦는다. 나머지 버섯들은 먹기 좋은 크기로 찢어준다. ② 표고버섯을 채 썬다. ③ 달군 냄비에 들기름과 모든 버섯을 넣어 볶다가 잠시 뚜껑을 덮어 들기름 거품이 일 때까지 익힌다. ④ 뚜껑을 열고 멸치육수(물로 대체가능) 600ml를 넣는다. ⑤ 육젓과 멸치액젓을 넣고 뚜껑을 닫고 다시 한소끔 끓인다. ⑥ 끓는 육수에 어슷하게 썬 대파, 들깨가루, 찹쌀가루를 수북히 넣는다. ⑦ 국물이 끓기 시작하면 불을 줄이고 2~3분 더 끓인다.

황태국

재료 황태채 100g, 멸치육수 2L, 들기름 4T, 간마늘 1T, 채썬 무 200g, 두부 반 모(200g), 새우젓 2T, 액젓 또는 어간장 1T, 다진 대파 3T

① 황태채를 전자렌지에 2분간 데워 잡내를 날리고, 황태채가 잠길 만큼 물을 붓고 뒤적이며 물을 먹인다. ② 불린 황태채의 물을 꼭 짠다. ③ 달궈진 팬에 들기름을 두르고 황태채를 넣어 볶다가 무채를 함께 볶아준다(들기름에 볶는 것이 불편하면 엑스트라버진 아보카도 오일이나 엑스트라버진 올리브 오일 등으로 대체 가능). ④ 냄비에 멸치육수 500ml를 넣고 끓인다. ⑤ 물이 끓으면 육수 500ml를 추가로 붓는 과정을 3번 반복해서 총 2L의 육수를 넣어 끓인다. ⑥ 마지막에 두부, 마늘, 어간장, 새우젓을 넣어 간을 맞춘다. ⑦ 먹기 전 다진 대파를 넣고 불을 끈다. 기호에 맞게 마지막에 계란 푼 물을 넣어 익혀 먹기도 한다. 국물의 양을 늘리고 싶다면 정수물을 넣고 간을 더한다.

갈비탕

재료 소갈비(탕용) 2kg, 물 7~8L, 무 600g, 대파 1대, 통후추 1.5T, 통마늘 15알, 간장 3T

① 갈비를 물에 담가 핏물을 빼준다. ② 냄비에 물과 핏물을 뺀 갈비를 넣고 끓기 시작하면 5분간 더 끓이고 물을 버린다. ③ 갈비와 냄비를 깨끗이 씻고 다시 물을 채운다. ④ 육수용 대파와 무를 큼직하게 썬다. ⑤ 육수망에 통마늘과 후추를 넣고 이것을 대파와 함께 냄비에 넣어 강불에 끓인다. ⑥ 물이 끓기 시작하면 1시간 동안 더 끓인다. 이때 올라오는 거품을 걷어 내야 잡내가 없다. ⑦ 1시간이 지나면 중불로 불을 줄이고 육수망, 무, 대파를 건져 낸다. 이때 건져 낸 무는 나박나박 썰어서 준비해 두었다가 갈비탕을 먹을 때 조금씩 올려 낸다. ⑧ 냄비에 간장류(진간장, 국간장, 어간장, 참치액젓 중 택일)를 3T 넣고 30분 정도 더 끓인다. 취향에 따라 30분~60분 정도 더 끓이면 갈비의 식감이 더욱 부드러워진다. ⑨ 기호에 맞게 소금, 후추, 파를 넣어서 먹는다.

갈비찜

재료 소갈비 1.7~2kg, 무 500~700g, 당근 300~400g, 표고버섯 5~6개, 대파 1대 **배즙 양념재료** 배 반 개, 중간 크기 양파 1개 **갈비 양념재료** 물 1.5L, 진간장 150ml, 우동쯔유 2T, 알룰로스(분말 사용시 50g, 액체 사용 시 140ml), 간마늘 1T, 간생강 ½T, 건고추 2개, 후추 1t, 들기름 2t

① 물에 씻은 갈비를 냄비에 넣고 끓인다. 물이 끓기 시작하면 5분간 더 끓인다. ② 끓인 갈비를 물에 깨끗이 헹군다. ③ 무를 큼직하게 썬 뒤 채칼 또는 칼로 모서리를 둥글게 만든다. 당근도 무의 절반 크기로 썰어 모서리를 둥글게 만든다. ④ 표고버섯을 반으로 자르고 대파를 큼직하게 썬다. ⑤ 배와 양파를 물 500ml와 함께 믹서에 곱게 간다. ⑥ 믹서에 간 즙을 베보자기에 넣고 갈비찜 냄비에 꼭 짜준다. ⑦ 갈비찜 냄비에 물 1L를 추가하고, 남은 양념 재료 모두와 무를 넣고 중불에 끓인다. ⑧ 물이 끓기 시작하면 뚜껑을 닫고 40분간 끓인다. ⑨ 40분이 지나면 무를 건져 내고 당근과 표고버섯을 넣어 25~30분 정도 더 끓인다. 이때 냄비에 따라 끓이는 시간이 조금씩 다르니 맞춰 조리한다. ⑩ 대파를 넣고 약불에서 10분간 더 끓이면 완성.

비빔국수

재료 김치 적당량, 쌀소면, (선택) 삶은 달걀, (선택) 오이 **양념장 재료** 고추장 1T, 고춧가루 1T, 식초(애플사이다 비네거) 3T, 진간장 1T, 알룰로스 2T, 들기름 1T, 간마늘 1t, 물 또는 멸치육수 3T, 통깨 1T

① 김치의 물기를 짠다(이때 김치 양념을 털어낸 뒤 물기를 꼬옥 짜고 잘게 썰어 양념장과 버무려 놓으면 훨씬 맛있다). ② 보울에 김치와 비빔 양념을 넣고 버무린다. ③ 쌀소면을 4분간 삶고 불을 끈 뒤 면을 찬물에 헹군다. ④ 탱글하게 식힌 소면에 만들어 둔 양념장을 넣고 버무린다. ⑤ 삶은 달걀이나 채 썬 오이를 고명으로 올린다. ⑥ 들기름과 통깨를 올려 먹기 좋게 완성한다.

잔치국수

재료 쌀면 또는 두부면 100g(1인분), 멸치육수 1.5L, 소금 2t, 우동쯔유 3T, 어간장 1T, 당근 1개, 소금 ½T에 절인 애호박 1개, 지단용 달걀 2개, 엑스트라버진 아보카도 오일

① 각자의 식단에 맞는 면을 삶아서 찬물에 헹궈 둔다. ② 채를 썬 애호박에 소금 ½T를 뿌리고 10분간 재운다. ③ 당근을 채 썬다. ④ 달걀로 지단을 부쳐 만들어 둔다. ⑤ 달궈진 팬에 엑스트라버진 아보카도 오일을 두르고 당근과 소금을 한 꼬집 넣어 볶는다. ⑥ 절여둔 애호박을 면보에 담아 물기를 짠다. ⑦ 물기를 짠 애호박을 엑스트라버진 아보카도 오일에 볶는다. ⑧ 멸치육수에 소금, 우동쯔유, 어간장을 넣고 끓인다. ⑨ 삶아 놓은 면을 토렴한 후 고명을 얹은 국수에 부어 먹는다.

육전

도구 고기 핏물을 빼는 해동지(추천: 참치 해동지) **재료** 소고기 우둔살 또는 홍두깨살(육전용으로 썰은 것 추천) 500g, 글루텐프리 타피오카 전분, 달걀 5~6개, 엑스트라버진 아보카도 오일 **고기양념** 진간장 4T, 소금 ½t, 물 6T, 액상 알룰로스 2T, 간마늘 ½T, 생강즙 ½T, 들기름 2T, 후추 ½t

① 고기를 실온에 해동한 후 마른 행주, 키친타올 또는 참치 해동지로 꾹꾹 눌러 핏물을 제거해 준다. ② 고기 양념장을 만들어서 고기에 버무린다. ③ 넓은 보울에 달걀물을 풀어서 준비한다. ④ 비닐백에 타피오카 가루와 양념된 고기를 넣고 입구를 막은 뒤 잘 섞이게 흔들어 준다. ⑤ 위의 과정을 3회 정도 반복한 뒤 가루를 뿌린 바트 위에 고기를 펴서 골고루 가루를 묻힌다. ⑥ 고기를 달걀물에 버무린 뒤 엑스트라버진 아보카도 오일 (또는 엑스트라버진 올리브 오일)을 두른 팬에 펼쳐서 노릇하게 굽는다.

동태전

재료 냉동 동태포 1kg, 글루텐프리 타피오카 전분(또는 쌀가루), 달걀 5~6개, 엑스트라버진 아보카도 오일 **염지 양념** 물 500ml, 소금 2T, 알룰로스 1T, 식초 ½T, 들기름 2T, 간마늘 1T, 생강즙 1T, 후추 1t

① 염지 양념 재료를 모두 섞어 양념물을 만들어 둔다. ② 냉동 상태의 동태포를 염지 양념물에 담그고 간이 밸 때까지(2~3시간 소요) 실온에 둔다(전날 냉장고에 하루동안 재워두어도 좋다). ③ 염지된 동태포를 망에 받쳐서 물기를 짠다. ④ 달걀물을 넓은 보울에 풀어 준비해 둔다. ⑤ 비닐백에 타피오카 가루와 동태포를 담고 봉투를 흔들어가며 골고루 가루를 묻힌다. ⑥ 타피오카 가루가 골고루 묻은 동태포를 달걀물에 버무린 뒤 엑스트라버진 아보카도 오일(또는 엑스트라버진 올리브 오일)을 두른 팬에 노릇노릇하게 구워준다.

야채 버섯전

재료 쪽파 다짐 2컵(양은 기호에 맞게 조정 가능), 생표고 3~5개, 느타리 버섯 또는 팽이버섯 한 줌, 해산물(오징어/조갯살/홍합살/게살/동태포 중에서 선택), 달걀 2개, 와인(청주 또는 정종으로 대체 가능), 소금, 후추, 라드유(또는 엑스트라버진 오일)

① 쪽파, 표고버섯, 느타리버섯, 해산물을 모두 잘게 썰어 큰 보울에 섞어 놓는다. ② 썰어 놓은 재료들을 두 줌씩 작은 보울에 옮겨서 계란 2개, 와인, 소금, 약간의 후추를 넣고 수저로 저어 섞는다. ③ 달군 프라이팬에 기름을 두르고 반죽된 야채를 한 숟가락씩 덜어 노릇하게 구워준다.

애호박전

재료 애호박 1개, 글루텐프리 타피오카 전분, 달걀 5~6개, 소금, 후추, 엑스트라버진 아보카도 오일

① 애호박 1개를 1cm 두께로 썰어 바트에 펼친다. ② 손에 소금과 후추를 찍어 썰어둔 애호박 표면에 잘 펴 바른다. ③ 소금과 후추를 바른 애호박을 1시간 정도 절인다. ④ 넓은 보울에 달걀물을 풀어서 준비한다. ⑤ 비닐백에 타피오카 가루와 애호박을 넣고 입구를 막은 뒤 잘 섞이게 흔들어 준다. ⑥ 위의 과정을 3회 정도 반복한 뒤 가루를 뿌린 바트 위에 애호박을 펴서 골고루 가루를 묻힌다. ⑦ 애호박을 달걀물에 버무린 뒤 엑스트라버진 아보카도 오일 (또는 엑스트라버진 올리브 오일)을 두른 팬에 펼쳐서 노릇하게 굽는다.

고등어 조림

재료 간고등어 2마리, 양파 큰 것 1개, 대파 1대, 간마늘 2T, 간 생강 1T, 화이트 와인 2T, 고춧가루 ½T, 홍고추 또는 청양고추 1개, 소금 1T, 후추 약간, 다시마물 또는 정수 200ml

① 고등어를 쌀뜨물로 깨끗이 씻어 비린내를 제거한다. ② 고등어의 머리와 지느러미를 자르고 반토막을 낸다. ③ 양파 1개를 채 썰고 2/3 정도를 냄비 바닥에 깐다. ④ 양파 위에 고등어를 살 안쪽이 위를 향하도록 펼쳐 놓는다. ⑤ 고등어 위에 간 마늘, 간 생강, 고춧가루, 화이트와인, 소금, 후추를 골고루 얹고 남은 양파와 대파, 홍고추를 올린다. ⑥ 다시마물을 냄비 가장자리에 두르고 뚜껑을 덮은 채 중불 또는 중약불로 조린다. ⑦ 중간중간 뚜껑을 열어 국물을 끼얹으며 20분 정도 더 조린다.

소꼬리 수육

재료 소꼬리 2kg(엉덩이 반골뼈가 섞이지 않은 알꼬리로만), 부추 1단, 알배추 1개 **향신료** 통마늘 10알, 통후추 1T, 월계수잎 2장, 대파 1대, 된장 1T, 건고추 2개 **수육 양념장** 고기육수 150ml (꼬리 삶은 물), 진간장 5T, 우동쯔유 1T(진간장 2T로 대체 가능), 식초 2T, 알룰로스 2T, 고운 고춧가루 1.5T, 들기름 2T, 간마늘 1T

① 소꼬리를 물에 담가 두고, 물을 여러 번 갈아 핏물을 제거한다. ② 끓는 물에 소꼬리를 넣고 5분간 끓인 후 내용물을 꺼낸 뒤 솥을 깨끗이 헹군다. ③ 인스턴트 팟이나 압력솥에 물 1.3L와 향신료 재료를 넣고 '찜기능에 맞춰 1시간 동안 찐다. ④ 수육 양념장 재료 중 고기육수 150ml를 제외한 모든 재료를 섞어 양념장을 만들어 둔다. ⑤ 알배추를 먹기 좋게 세로로 자르고 깨끗이 손질된 부추도 3~4cm 길이로 자른다. ⑥ 1시간이 지나면 인스턴트 팟의 김을 뺀다. ⑦ 알배추를 소꼬리찜이 담긴 냄비에 넣어 뜨거운 고기육수로 숨을 죽인 후 건져낸다. 이때 고기 육수는 양념장에 사용하므로 버리지 않도록 주의한다. ⑧ 양념장에 고기육수 150ml를 넣은 뒤 숨이 죽은 부추와 알배추의 반을 넣고 섞는다. ⑨ 소꼬리가 뜨거울 때 꺼내어 큰 그릇에 담고 그 위에 양념장에 버무린 부추와 알배추를 얹는다.

와인 삼겹살

재료 덩어리 삼겹살 1.2kg, 채 썬 양파 1개, 부추 한 줌, 오이 2개, 엑스트라버진 아보카도 오일 **양념 재료** 레드와인 200ml, 진간장 100ml, 알룰로스 100ml, 다시물 또는 정수물 200ml, 통후추 1T, 팔각(스타아니스) 2개

① 달군 팬에 엑스트라버진 아보카도 오일을 두르고 삼겹살의 곁면을 굽는다. ② 양념 재료들을 모두 냄비에 넣고 강불에 10분간 익혀준다. ③ 10분이 지나면 중약불에 30~40분간 익힌다. 중간중간에 고기가 익었는지 찔러서 확인한다. ④ 불을 끄고 10분간 여열로 익힌다. (인스턴트팟에 조리할 경우 기름을 두르고 고기를 볶은 다음 양념 재료들을 넣고 10분 동안 압력으로 조리한다.) ⑤ 고기를 건져낸 후 체망으로 소스의 건더기를 걸러낸다. ⑥ 오이는 동그랗게 썰고, 양파는 채 썰고, 부추는 길쭉하게 썬다. ⑦ 고기를 적당한 크기로 썰고 채소 위에 얹은 뒤 건더기를 거른 소스를 끼얹어 먹는다.

마녀 수프

재료 소고기 양지 800~1000g, 소기름(두태기름)100~150g, 버터 100g, 토마토 3~4개(생략 가능), 홀토마토 3컵, 토마토 페이스트 3T, 양파 2~3개(500~600g), 당근 1개, 샐러리 2대, 양배추 400~500g, 월계수잎 2장, 후추, 화이트와인 1컵, 다진마늘 1T, 다진생강 1T, 카레가루 2T, 훈제 파프리카 가루 1T(생략가능), 코코넛밀크 1컵, 물 1컵, 천일염 2T

① 소고기, 소기름(두태기름), 버터를 냄비에 넣고 볶는다(인스턴트팟의 경우 볶음 기능으로 먼저 5분간 조리하는 것이 좋다). ② 나머지 모든 재료들을 냄비에 넣고 뭉근해질 때까지 끓인다. 인스턴트 팟에 끓일 경우 '만능조리'기능으로 기호에 따라 20~30분 조리하고, 일반 냄비에 끓일 경우 40~60분 이상 뭉근히 끓인다.

바싹 닭목살 볶음

재료 닭목살 1kg, 청양고추 3개, 썬 쪽파 두 줌, 진간장 2T, 알룰로스 2T, 화이트와인 2T, 간마늘 2T, 고춧가루 4T, 고추장 4T, 생강즙 1T, 들기름 3T, 후추 약간, 홍새우젓(북새우젓) 2T, 통깨 약간

① 닭목살을 흐르는 물에 씻고 반으로 자른다. ② 닭목살의 물기를 뺀다. ③ 청양고추 3개를 취향껏 어슷 썰고 쪽파를 다져서 두 줌 분량으로 만든다. ④ 보울에 진간장 2T, 알룰로스 2T, 화이트와인 2T를 넣는다. ⑤ 보울에 고춧가루 4T, 고추장 4T, 생강즙 1T, 간마늘 2T를 넣는다. ⑥ 보울에 들기름 3T, 후추 약간, 홍새우젓 2T를 넣는다. ⑦ 여기에 닭목살을 넣고 맛있게 버무린다. ⑧ 기름을 두르지 않은 팬 두 개를 데우고 양념된 닭목살을 절반씩 넣는다. ⑨ 강불에 볶기 시작하다가 약불로 줄이면서 천천히 수분을 날리며 졸인다. ⑩ 국물이 졸아들면 한 팬으로 합쳐서 더 볶는다. ⑪ 불을 끄고 청양고추와 다진 쪽파 두 줌을 넣고 섞은 후 통깨를 뿌려서 마무리 한다.

코다리 조림

재료 코다리 1코(약 3~4마리, 950g 정도), 대파 3대, 엑스트라버진 아보카도 오일 4T, 소금 1T **양념장 재료** 물 300ml, 진간장 4T, 멸치액젓 2T, 고운 고춧가루 1.5T, 알룰로스 3T, 간마늘 1T, 간생강 ½t, 후추 약간

① 코다리 1kg의 지느러미를 잘라내고 가볍게 씻은 뒤 물기를 뺀다. ② 코다리를 먹기 좋은 크기로 듬성듬성 자른다. ③ 작은 그릇에 양념장 재료를 섞어 만들어 둔다. ④ 양념이 잘 배도록 대파를 길죽하게 잘라 둔다. ⑤ 달군 웍에 엑스트라버진 아보카도 오일을 두르고 소금½t와 대파를 볶아 파 향을 낸 뒤 파는 건져둔다. ⑥ 엑스트라버진 아보카도 오일을 더 두르고 코다리를 넣어 소금½t 로 간을 하며 골고루 익힌다. ⑦ 코다리가 앞뒤로 노릇해지면 대파를 넣고 함께 굽는다. ⑧ 소스를 웍에 붓고 국물이 졸아들 때까지 중불에서 은근하게 졸인다. 이때 양념이 골고루 묻도록 국물을 끼얹으며 조리해주면 좋다.

라구

재료 소고기 양지 800~1000g, 다진 양파 150g, 당근 80g, 샐러리 80g, 홀 토마토(캔) 3컵, 토마토 페이스트 3T, 버터 2T, 간마늘 1T, 소금 ½t, 파르마지아노 치즈 100g, 코코넛밀크 2컵, 잡내를 날려줄 술(화이트와인, 청주, 소주 등) 2컵, 월계수잎 2장, (선택) 로즈마리 한 꼬집, (선택) 타임 한 꼬집, 후추 2t, 소금 ½t, 알룰로스 3T

① 다진양파 150g, 당근 80g, 샐러리 80g을 준비한다. ② 달궈진 냄비에 버터를 넣고 양파를 볶는다. ③ 양파가 갈색빛을 띠면 당근과 샐러리를 넣고 볶는다. ④ 간마늘 1T를 넣고 볶다가 준비해둔 양지를 함께 넣고 볶는다. ⑤ 고기가 익어갈 때 즈음 로즈마리와 타임을 넣는다. ⑥ 월계수잎 2장, 후추 2t, 소금 ½t, 알룰로스 3T를 넣는다. ⑦ 잡내를 날려줄 술(화이트 와인, 청주, 소주 등)을 넣고 3분간 끓인다. ⑧ 홀 토마토와 토마토 페이스트를 넣고 푹 끓인다. ⑨ 코코넛 밀크를 넣고 약한 불에서 저어가며 더 끓여준다. ⑩ 취향에 맞게 원하는 질감이 나올 때까지 끓여지면 완성.

동그랑땡

재료 돼지 다짐육 500~600g **고기 양념** 간마늘 2T, 간생강 2T, 어간장 또는 진간장 3T, 청주 2T(또는 와인), 소금 1t, 들기름 2T, 라드 2T, 당근 반 개, 양파 1개, 쪽파 2컵, 두부 1모(400~500g), (선택) 청양고추 2~3개, (선택) 파프리카 등의 채소

① 키친타월로 다짐육 500g 의 핏물을 미리 빼둔다. ② 두부 1모의 물기를 꼭 짜둔다. ③ 양파, 당근, 쪽파를 잘게 썬다. ④ 고기를 보울에 담고 고기 양념 재료를 넣고 치댄다. ⑤ 양념된 고기에 미리 준비해둔 채소와 두부를 섞어준다. ⑥ 반죽을 동그랗고 납작하게 빚는다. ⑦ 찜기에서 증기가 오르면 반죽된 동그랑땡을 넣고 7분 후 건져 식힌다. 이 상태에서 냉동보관도 가능하다. ⑧ 달궈진 프라이팬에 라드유(또는 엑스트라버진 아보카도 오일이나 엑스트라버진 올리브 오일)를 두르고 노릇하게 구워주면 완성.

생선탕

도구 고온고압 조리가 가능한 쿠카나 압력밥솥, 핸드 블렌더 **재료** 손질된 생선(열기 추천)2마리, 잎채소(배추, 우거지, 말린 시래기, 절인 배추 등) 2줌, 월계수잎 두 장, 통후추 1T, 샐러리 ½대, 후추 약간

① 손질한 생선을 대강 잘라서 인스턴트팟에 넣는다. ② 향신채(월계수잎, 통후추, 샐러리 등)를 스탠 체망에 담아 냄비에 넣는다. ③ 30분 가량 푹 끓여준다. ④ 부드러워진 생선을 핸드 블렌더 또는 믹서로 뼈까지 곱게 갈아준다. ⑤ 기호에 맞는 잎채소를 넣고 조금 더 끓인다. ⑥ 된장, 마늘, 생강, 들깨가루 등의 조미료와 부추, 깻잎 등을 기호에 맞게 넣어서 완성한다.

스지 수육

재료 스지, (선택) 아롱사태, 월계수잎 2~3장, 통후추 20알, 양파 반 개, 대파 1대, (선택) 샐러리 1줌, (선택) 어간장

① 넉넉히 물을 담은 냄비에 스지를 넣는다. ② 월계수잎과 통후추를 스텐망에 담아 넣는다. ③ 손질한 샐러리, 대파, 양파를 넣는다. ④ 스지는 2~3시간, 아롱사태는 1시간 반~2시간 동안 푹 끓인다. ⑤ 중간에 거품을 걷어주고 고기가 부드러워지면 꺼낸다. 이때 고기 국물은 버리지 않고 냉동해 두었다가 다양한 요리에 활용하면 좋다. ⑥ 부추와 양파를 썰고 고기와 함께 간장 소스에 버무린다.

절임배추 소고기 볶음

재료 절임배추 두 줌, 오이절임(오이3개), 불고기용 소고기 200g, 알룰로스 취향껏, 참깨, 생들기름, 엑스트라버진 아보카도 오일 (또는 엑스트라버진 올리브 오일), 소금, 후추, 간장

① 배추와 오이를 미리 3일 이상 소금물에 절여둔다.(물 300~400ml에 소금 12g 비율) ② 절여둔 채소를 면보에 싸서 물기를 꼬옥 짜준다. ③ 불고기용 고기에 소금과 후추, 간장, 알룰로스를 조금 넣어 밑간을 해준다. ④ 팬에 엑스트라버진 아보카도 오일을 두르고 고기를 먼저 볶아준다. ⑤ 준비해 둔 채소를 넣고 볶아준다. ⑥ 불을 끄고 깨와 생들기름을 둘러주면 완성.

호박 새우젓 볶음

재료 노지호박 2개, 양파 1개, 새우젓 2T, 간마늘 2T, 대파 1대, 홍고추 1개, 통깨, 냉압착 들기름, 엑스트라버진 아보카도 오일

① 하루 전날 호박과 양파를 썰어 새우젓과 마늘에 버무려 재워 둔다. 이렇게 하면 재워 둔 호박과 양파에서 수분이 빠져나와 쉽게 부서지지 않고 간이 잘 배어 더 맛있다. ② 달궈진 웍에 엑스트라버진 아보카도 오일을 두르고 채 썰어 둔 대파를 볶는다. ③ 준비해 둔 호박과 홍고추를 넣고 골고루 섞어준 후 잠시 뚜껑을 덮어 익힌다. ④ 중간에 골고루 뒤집어주며 익히다가 호박이 투명해지면 불을 끄고 통깨와 들기름을 두른다.

닭볶음탕

도구 고온고압조리 팟(없을 경우 냄비로 가능) **재료** 닭 1~1.4kg, 무 300~400g, 당근 ½개, 양파 1개, 데쳐서 껍질을 벗긴 토마토 1개(생략 가능), 대파 1대, 감자 작은 것 2개, 멸치 육수(또는 정수) 1컵 **양념 재료** 고춧가루 2T, 고추장 3T, 알룰로스 2T, 간장 3T, 간마늘 2T, 굴소스 2T, 카레가루 1T, 간생강 1T, 들기름 2T, 후추 약간

① 보울에 고춧가루 2T, 고추장 3T, 알룰로스 2T, 간장 3T, 간마늘 2T, 간생강 1T, 굴소스 2T, 카레가루 1T, 들기름 2T, 후추 약간을 넣고 섞어준다. ② 닭 1kg을 깨끗이 씻는다. ③ 무, 당근, 감자의 껍질을 벗기면서 모서리를 둥글게 깎아준다. ④ 무 400g, 당근 반 개, 감자 3개, 양파 1개, 생닭 1kg을 팟 또는 냄비에 넣는다. ⑤ 만들어둔 양념장 중 245g을 팟에 넣고 골고루 섞는다. ⑥ 멸치 육수(없으면 생수로 대체 가능) 200ml를 넣는다. ⑦ 찜 기능으로 20분간 조리한다. 일반 냄비에 조리할 경우 고온으로 가열하다가 물이 끓으면 불을 줄이고 오래 끓여낸다. ⑧ 20분이 지나면 김을 빼고 대파와 데쳐서 껍질을 벗긴 토마토를 넣고 볶음 기능으로 7분간 가열한다. 일반 냄비에 조리할 경우 조리시간을 40~60분 더 늘리고 물 또는 육수를 200ml가 아니라 400ml를 넣는다.

구운 채소 샐러드

재료 당근 반 개, 돼지호박(주키니 호박) 반 개, 가지 1개, 단호박 반 개, 표고버섯 5~6개, 새송이 버섯 2개, 대하 10미, (선택) 파프리카 1개/방울 양배추/아스파라거스/그린빈/콩 등 취향에 맞는 채소, (선택) 갑오징어 또는 전복이나 닭고기, 버터 20g, 엑스트라버진 올리브 오일, 소금, 후추 약간, 이탈리안 시즈닝, 바질 페스토 200g

냄비와 오븐을 사용하며 만드는 법

① 채소를 깨끗이 씻어둔다. ② 새우의 머리와 다리를 잘라내고 배쪽에 칼집을 내어 손질한 뒤 깨끗이 씻어 물기를 빼둔다. ③ 야채는 조리과정에서 형태가 뭉개질 수 있으므로 약간 큼지막하게 썰어둔다. ④ 갑오징어에 칼집을 깊게 넣어 손질한 뒤 씻는다. ⑤ 썰어 놓은 채소에 엑스트라버진 올리브 오일, 소금, 후추, 이탈리안 시즈닝을 뿌리고 마리네이드 한다. 이때 단단한 호박과 당근은 따로 구워야 해서 따로 마리네이드 하는 게 좋다. ⑥ 달궈진 팬에 엑스트라버진 아보카도 오일을 두르고 단호박과 당근을 굽는다. 오븐에 조리할 예정이므로 약간 덜 익게 굽는 것이 좋다. ⑦ 180도로 예열한 오븐에 마리네이드 한 호박과 가지를 넣고 굽는다. 호박과 가지는 쉽게 물러지는 채소이므로 냄비에 굽는 과정을 생략하고 바로 오븐에서 익힌다. ⑧ 구워진 단호박과 당근을 건져서 식혀둔다. ⑨ 마리네이드 한 표고버섯, 새송이, 파프리카를 똑같은 방식으로 굽는다. ⑩ 구워진 채소와 버섯을 오븐에 있는 가지, 돼지호박과 같이 섞어서 굽는다. ⑪ 채소를 굽던 냄비에 버터 20g 정도를 넣는다. ⑫ 냄비에 새우를 넣고 뒤집으며 소금과 후추를 한 꼬집 뿌리고 새우가 분홍색으로 될 때까지 굽는다. ⑬ 새우를 건져 내고 썰어 놓았던 갑오징어(또는 전복)에 소금을 뿌려 굽는다. ⑭ (선택) 여열이 남은 냄비에 버터를 두르고 발라 놓은 닭고기나 냉동채소 등을 추가로 넣은 뒤 바질페스토와 함께 버무려 볶는다(바질페스토를 볶지 않고 마지막에 버무려서 먹어도 좋다). ⑮ 지금까지 냄비와 오븐에서 구운 모든 재료를 섞으면 완성.

구운 채소 샐러드

재료 당근 반 개, 돼지호박(주키니 호박) 반 개, 가지 1개, 단호박 반 개, 표고버섯 5~6개, 새송이 버섯 2개, 대하 10미, (선택) 파프리카 1개/방울 양배추/아스파라거스/그린빈/콩 등 취향에 맞는 채소, (선택) 갑오징어 또는 전복이나 닭고기, 버터 20g, 엑스트라버진 올리브 오일, 소금, 후추 약간, 이탈리안 시즈닝, 바질 페스토 200g

냄비만 사용하며 만드는 법
① 채소를 깨끗이 씻어둔다. ② 새우의 머리와 다리를 잘라내고 배쪽에 칼집을 내어 손질한 뒤 깨끗이 씻어 물기를 빼둔다. ③ 야채는 조리과정에서 형태가 뭉개질 수 있으므로 약간 큼지막하게 썰어둔다. ④ 갑오징어에 칼집을 깊게 넣어 손질한 뒤 씻는다. ⑤ 썰어놓은 채소에 엑스트라버진 올리브 오일, 소금, 후추, 이탈리안 시즈닝을 뿌리고 마리네이드 한다. 이때 단단한 호박과 당근은 따로 구워야 해서 따로 마리네이드 하는 게 좋다. ⑥ 달궈진 팬에 엑스트라버진 아보카도 오일을 두르고 단호박과 당근을 굽는다. 이때 다른 팬에서 나머지 채소도 동시에 볶는다. ⑦ 약불에 뚜껑을 닫고 굽다가 중간중간 뚜껑에 맺힌 이슬을 닦아 버린다. ⑧ 냄비에 구워진 단호박과 당근을 건져 식혀 두고 마리네이드한 표고버섯, 새송이, 파프리카, 가지, 돼지호박을 똑같은 방식으로 굽는다. 이때 쉽게 물러지는 가지와 돼지호박은 나중에 넣어 굽는다. ⑨ 채소가 익으면 모두 건져낸다. ⑩ 채소를 굽던 냄비에 버터를 넣고 새우를 앞뒤로 뒤집으며 굽는다. 소금과 후추를 한 꼬집씩 뿌리며 새우가 분홍색이 될 때까지 노릇하게 굽는다. ⑪ 새우를 건져내고 썰어 놓았던 갑오징어 또는 전복을 소금, 후추로 간을 하며 굽는다. ⑫ (선택) 여열이 남은 냄비에 버터를 두르고 손질한 닭고기나 냉동 채소 등을 추가로 넣어 볶는다. 바질페스토는 볶지 않고 나중에 곁들여 먹어도 좋다. ⑬ 지금까지 구운 모든 재료를 섞으면 완성.

애리의 인생 레시피

초판 1쇄 2025년 3월 31일 발행
2쇄 2025년 4월 21일 발행
3쇄 2025년 4월 28일 발행
4쇄 2025년 7월 14일 발행

지은이	장애리
감수	최겸
디자인	정경미
포토그래퍼	켠스튜디오 (kyeon studio) 장석현
푸드스타일링	어느스튜디오 (a.neu studio) 박소현, 손모아, 이인선
펴낸곳	주식회사 겸엑스
출판등록	2022년 4월 4일 제 2022-000038호
주소	서울특별시 송파구 올림픽로 360, 지하1층(방이동)
고객센터	070-8833-7900
이메일	contact@gyumx.com
ISBN	979-11-986480-2-0

이 책에 실린 글의 무단 전재 및 복제를 금합니다.
사용 동의가 필요한 경우 위의 메일 주소로 사전에 문의 주십시오.
파본은 구입처에서 교환해 드립니다.